全国教育科学"十四五"规划教育部重点课题"人工智能辅助下未成年人罪错行为风险评估预警与干预策略研究"项目（DEA220353）成果之一

未成年人保护与预防未成年人犯罪
——法治教育手册——

刘晓倩 / 主编

中国法制出版社
CHINA LEGAL PUBLISHING HOUSE

前言

近年来，未成年人恶性事件频繁发生，引起社会广泛关注。这不仅影响其自身前途与家庭幸福，更关系着民族希望和国家未来。基于社会各界关切，我深感探讨预防未成年人犯罪与未成年人保护问题尤为迫切。事实上，自硕士期间，在导师的指引和帮助下，我便开始研究青少年犯罪风险评估、青少年反社会态度等问题，探索如何减少风险因素对未成年人犯罪行为的影响。工作以来，我更多关注如何对未成年人罪错行为进行风险评估与预警，将过去的事后管理改变为事前预防，尝试将人工智能技术与风险评估工作相结合，进行更加科学化、精细化和动态化的未成年人风险评估与管理。

在多年研究过程中，我深刻体会到，未成年人犯罪问题的复杂性远远超出了我们最初的想象。它不仅仅是法律问题，更是社会、家庭、学校、心理等多方面因素交织的结果。每一个走上歧途的孩子背后，都可能隐藏着一段不为人知的故事，或是一段被忽视的伤痛。因此，预防未成年人犯罪，不仅仅需要法律的严惩，更需要社会的关爱、家庭的温暖、学校的教育以及专业的心理辅导。

本书是我和团队成员近年来思考和研究的成果。它首先从心理学视角对未成年人犯罪的原因进行分析,对未成年人个体和团体犯罪的特点进行了探讨,而后总结了近年来未成年人犯罪的特征趋势和相关形势政策,并对未成年人重新犯罪问题进行了深入分析,最后提出了预防未成年人犯罪的有效策略。总之,本书不仅深入剖析了未成年人犯罪的成因与特点,还结合国内外先进的预防理念与实践经验,提出了一些切实可行的法治教育措施与保护策略。

我希望,通过这本手册,能够为社会各界提供一个全面审视与应对未成年人犯罪问题的新视角,让更多的人意识到,每一个孩子都是家庭和民族的希望,都值得我们共同去关爱与守护。同时,我也期待这本手册能够成为家长、教师、社会工作者以及所有关心未成年人成长的人们的实用工具书,帮助他们在日常生活中更好地开展法治教育、识别风险、提供干预,共同为孩子们营造一个更加安全、健康的成长环境。

本书的编写团队主要来自中国政法大学从事法律和犯罪心理学研究的师生,章节具体完成情况如下:

刘晓倩　中国政法大学社会学院副教授(第一章部分、第三章部分)

肖俊泽　中国政法大学刑事司法学院博士研究生(第一章部分)

曾钰泽　中国政法大学社会学院教师(第一章部分)

张清淇　中国政法大学刑事司法学院博士研究生（第二章、第三章部分）

徐伊洁　中国政法大学社会学院硕士研究生，已毕业（第三章部分）

彭寒羽　中国政法大学社会学院硕士研究生，已毕业（第四章）

张驰华　中国政法大学社会学院硕士研究生，已毕业（第五章）

此外，感谢中国政法大学社会学院硕士研究生丁柯元、张子怡、胡宏文、徐行、郭蕊、曹瑜萌等同学在本书校对过程中付出的大量心血，特此感谢所有团队成员！感谢中国法制出版社的吕静云编辑，吕编辑为我们提供了诸多专业且宝贵建议，才让本书在正确的方向上不断完善。

最后，尽管我们在未成年人预防犯罪领域有一定研究基础，但深知书中仍存在许多不足和有待深入探索之处。希望本书能引发更多专业人士和社会各界的关注与讨论，共同为预防未成年人犯罪与保护未成年人事业添砖加瓦。

目录
CONTENTS

第一章 心理学视角下未成年人犯罪问题的原因分析
1. 失能、失序、失范的问题家庭是未成年人走向犯罪的起点 ………… 003
2. 不良朋辈群体的推波助澜 ……………………………………………… 019
3. 危险在青春期潜伏 ……………………………………………………… 027
4. 习得犯罪：未成年人犯罪的环境因素 ………………………………… 034
5. 最后一道防线失守：社会控制功能的弱化 …………………………… 041
6. 生物本能与未成年人犯罪 ……………………………………………… 048

第二章 未成年人犯罪的类型划分
1. 以个体为单位的未成年人犯罪 ………………………………………… 065
2. 团伙化的未成年人犯罪 ………………………………………………… 098

第三章 未成年人犯罪的特征变化与刑事政策
1. 未成年人犯罪的总体现状 ……………………………………………… 121
2. 未成年人犯罪的隐私保护 ……………………………………………… 148
3. 未成年人犯罪的矫正制度 ……………………………………………… 154

第四章　未成年人重新犯罪问题研究

1. 未成年人重新犯罪的基本特点 ……………………………………161
2. 未成年人重新犯罪的主要因素 ……………………………………162
3. 预防未成年人重新犯罪的体系建设 ………………………………173

第五章　预防未成年人犯罪的策略研究

1. 远离家庭暴力 ………………………………………………………211
2. 远离校园暴力 ………………………………………………………223
3. 远离性暴力 …………………………………………………………230
4. 远离网络暴力 ………………………………………………………240

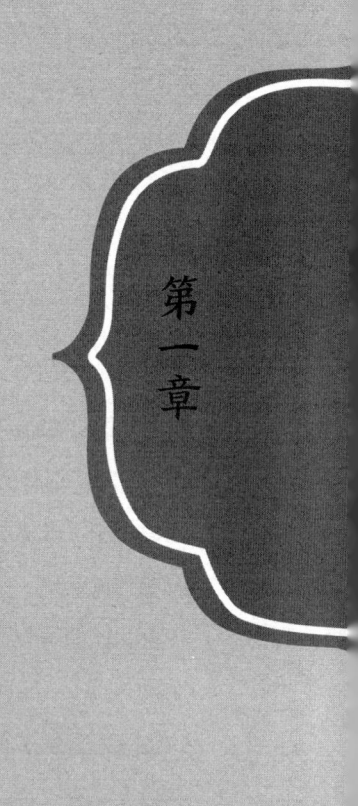

第一章 心理学视角下未成年人犯罪问题的原因分析

> 未成年人保护
> 与预防未成年人犯罪法治教育手册

在世界范围内，未成年人犯罪已经和环境污染、毒品问题一起并称为"三大公害"。我国刑法已将刑事责任年龄下调到12周岁。当前，我国未成年人犯罪问题需得到各方重视，最高人民检察院发布的《未成年人检察工作白皮书（2020）》显示，近年来，除2020年未成年人犯罪活动受社会接触时间缩短、空间减小等因素影响，出现犯罪率下降的情况外，我国未成年人犯罪率仍然较高，且总体呈逐年上升的趋势。未成年人犯罪问题关系着未成年人的健康成长，关系着每个家庭的和谐幸福，更关系着社会总体稳定和良性发展。因此，全社会需要对其给予更多的关注，而要想从根本上解决此问题，从源头上降低未成年人犯罪率，我们就必须先回答：为什么一个原本应该充满朝气与希望的年轻人会走上违法犯罪的道路？本章将从心理学、社会学、教育学和法学等多学科视角入手，和您一起探讨未成年人犯罪的原因。

第一章　心理学视角下未成年人犯罪问题的原因分析

1. 失能、失序、失范的问题家庭是未成年人走向犯罪的起点

近年来，我国未成年人恶性犯罪案件时有发生，2017年一名13岁的男孩因母亲管教过严将其杀害、2018年湖南沅江一名12岁男孩吴某由于不满母亲管教将其砍杀20多刀泄愤致死、2019年一名13岁男孩残忍杀害三姐弟等案件洞心骇耳、令人错愕。一时间，"恶魔不分年龄""地狱空荡荡，恶魔在人间""法律不应成为违法犯罪的保护伞"等言论在网络媒体平台上不断发酵，呼吁下调未成年人刑事责任年龄的声音也不绝于耳。2020年12月26日第十三届全国人民代表大会常务委员会第二十四次会议通过的《中华人民共和国刑法修正案（十一）》将未成年人恶性暴力犯罪的刑事责任年龄下调至12周岁。在关注案情发展，完善修订法律之后，我们似乎还应认真地反思这些案件发生的深刻原因。这些案件之所以引起人们极大的震惊和关注，一个重要的原因就是孩子们都是挥刀砍向了本应是自己最亲近的人，对自己的家庭成员痛下杀手。探究这一个个令人心痛的血案不难发现，其背后可能都有一个支离破碎、经济困难的家庭，有一对不负责任、宠溺孩子的父母，有一个缺乏关爱、乖张叛逆的孩子。总之，他们的不幸有着惊人的相似之处——问题家庭，当家庭不

再是温馨的港湾,它就有可能变成滋生罪恶的温床。

犯罪学家、社会学家和心理学家经过多年大量的论证和研究,针对未成年人犯罪问题提出了诸如社会控制理论、社会学习理论、越轨行为理论等经典模型,试图从多个学科视角解释未成年人犯罪的原因,而这些理论都强调了家庭因素的重要性,发现家庭是未成年人犯罪主要的影响因素之一。基于此,我国在2022年1月1日开始正式实施《中华人民共和国家庭教育促进法》,为的就是弘扬中华民族家庭美德,促进青少年健康成长。

父母是孩子的第一任教师,在孩子的生活中扮演着重要角色,父母的一举一动都对未成年人产生深远影响。家庭是儿童成长的港湾,未成年子女需要在家庭中建立道德认知、学会自我控制、习得是非观念、掌握社会规范,而如果他们未能从家庭中获取这些能力,可能就会像一列逐渐失控的火车,最终偏离正轨。

因此,本节希望通过对家庭中的教养方式、依恋关系和人格独立性等因素的介绍,帮助读者更好地认识到家庭、家教、家风在未成年人成长道路上的重要性。

◎错误的家庭教养方式

家庭暴力、结构功能缺失和教养方式偏差是诱发未成年人走向违法犯罪的三大高危家庭因素[1],调查显示:青少年犯

---

[1] 董轩州.未成年人犯罪的家庭影响因素分析[J].法制与社会,2020(21):112-113.

第一章 心理学视角下未成年人犯罪问题的原因分析

罪率与 GDP 和人均 GDP 存在负相关性也代表了经济状况与青少年犯罪率有很大的联系，一个地区经济发展水平越高，青少年犯罪率越低。[①] 中国司法大数据研究院 2018 年发布的《从司法大数据看我国未成年人权益司法保护和未成年人犯罪特点及其预防》报告表明：留守家庭、离异家庭、流动式家庭、单亲家庭和再婚家庭中出现未成年人犯罪的情况在所有家庭中排名前五。可见，前两者确实与未成年人犯罪问题关系密切，但我们也应该看到，经济条件和家庭结构都是在短时间内无法改变的家庭客观情况，它们都具有两面性：贫穷中萌发的也可能是坚韧与乐观，破碎的家庭可能让孩子更早地学会承担责任，这些家庭中也走出了无数积极向上、阳光健康的优秀孩子。事实上，同样的家庭环境和经济条件也可能养育出品性完全不同的孩子，这就是家庭教育的作用。许多家长都很关心，面对孩子时家长究竟应该扮演什么角色？应采取什么样的态度、方式和他们相处？子女犯了错应该如何引导？许多家长都对以上问题感到十分棘手，毕竟父母也是一个个鲜活的普通人，也会受到自身学识不够、认知不足、情绪波动等问题的困扰，有的父母可能感到已经穷尽了所有努力，对孩子可以说是"倾其所有"，却仍然感到"教不好"他们，甚至把他们推向了错误的道路。其实，教育学家、心理学家

---

① 王国祥，林安民．家庭教养视角下未成年人犯罪特征差异研究［J］．青少年犯罪问题，2021（5）：135-146．

这么多年对家庭教养方式的研究发现：好的、坏的家庭教养方式具备许多共同的特点。例如，几乎所有的未成年犯的家庭都存在诸如惩罚、干涉、拒绝、否认、偏爱、过度保护等不良教养方式。[①]家庭教养也是有规律可循的，下面我们将为您逐一剖析它的秘密。

家庭教养方式是指家长在一定的教育理念指导下，对子女进行培养教育的方式方法。那么，好的家庭教养方式应该具备哪些特征呢？我们认为，应该着力在家庭教养的内容和模式上下功夫，简单来讲就是记住两句话——"能力培养和品德塑造两者兼顾，不可偏废""关心关爱与管束把控过犹不及"。

在教养内容上，能力培养和品德塑造两者兼顾，不可偏废。"四岁学古筝，五岁练书法，初中前把各种厉害的兴趣班上了一遍，点亮古筝、华数、奥数、芭蕾、跆拳道、工笔水墨、素描、科学制作、英语等多种技能"，这是2021年网络热议的"鸡娃"现象缩影，可见当今时代，尤其是在一、二线城市"虎爸虎妈"们对"鸡娃"的执着和良苦用心。事实上，家庭教养的核心目标应该是培养孩子正确的人生观、价值观，良好的生活习惯，积极的学习动力，稳定的心理素质以及适当的人际交往方式，这些才是决定一个孩子能否成长成才的关键因素，而这些能力

---

① 董轩州.未成年人犯罪的家庭影响因素分析[J].法制与社会，2020（21）：112-113.

恰恰又只有家庭教育可以全方位提供，也最适合提供。遗憾的是，现在的许多孩子在最应该习得这些优良品质的时候，被学习填满了全部生活。许多父母在文化影响、社会环境、应试教育和内心需求等多种因素的影响下，片面追求孩子学习成绩的提升，容易使人格品行的塑造和心理健康的呵护成为教育的盲区。其实，未成年犯和普通孩子的父母在关心孩子方面有一个明显的不同，就是他们对孩子的思想道德水平的关注度不同，相较而言普通孩子的父母更在意孩子的品德发展。同时，随着社会竞争压力的增大和移动互联网的普及，未成年人接触的信息流更加巨大复杂，身心成熟年龄较过去有所提前，再加上青春期阶段的心理本身就比较敏感，无法避免地会产生这样或那样的问题。这时候家庭对孩子的心理矫正功能就显得十分重要。父母能及时地倾听孩子的烦恼，和他们谈心，关心孩子的心理状况，可以在很大程度上释放孩子内心的压力，把不良心理遏制在萌芽阶段。

在教育模式上，关心关爱与管束把控过犹不及。 美国心理学家戴安娜·鲍姆林德将父母教养方式归纳为要求性和反应性两个维度。[①] 要求性是父母对孩子的管束程度；反应性是父母对子女需求的反应程度，或者说关心程度。一般来讲，按这两个维度的程度高低，我们可以将家庭教养方式划分

[①] 王国祥，林安民.家庭教养视角下未成年人犯罪特征差异研究[J].青少年犯罪问题，2021（5）：135-146.

为 4 种类型，分别为权威型、专制型、溺爱型和冷漠型，其中权威型的教养方式是我们提倡的，而另外 3 种类型都有其问题。

权威型家庭教养。其对应的是高要求、高反应，既在日常的生活习惯、行为养成、道德准则方面对孩子提出高标准、高要求，又在情感需求、心理健康、兴趣娱乐、生活细节等方面给予其足够的陪伴和充分的关怀。鼓励孩子用自己的眼光看待世界，用自己的思维理解事物，用自己的能力满足需求，并对孩子的不足能够及时帮助纠正。在这类教养模式下成长的孩子，会慢慢变得独立自主、乐观向上，会养成良好的人格品质。在这种家庭规则清晰、家庭氛围温暖的环境中成长起来的孩子往往能更好地融入新环境，懂得设身处地为别人着想，能够建立较好的人际交往关系。

专制型家庭教养。其对应的是高要求、低反应，即父母以支配者的姿态出现在家庭教育中，对孩子生活中的方方面面进行粗暴控制与干涉，而对其心理和物质需求采取拒绝的态度。当孩子不遵从父母的想法时，父母便会采取强制措施进行打压，甚至暴力对待。父母在一次次的打压中会逐渐将孩子的个性心理磨平，这种教养方式下的孩子容易变得自卑自闭、遇事退缩、依赖他人，具有较高的焦虑感和不安全感。在成长时期可能成为社会上、校园中的被欺凌者，他们不敢去应对和反抗，而长期的受虐又可能在某一时刻爆发，使其成为欺凌者。同时，根据社会学习理论，生长在暴力环境中的未成年人经过长时间的耳濡目染，也会学习父母或欺凌者采取暴力的方式来解决问题，具有一定的暴力倾向。这样的孩子可能会有以暴制暴的错误观念，当不如意时，他们认为暴力是解决问题最有效、最快速的方式。这种欺凌者和被欺凌者双重角色的互相交织，使专制型家庭的孩子更可能违法犯罪。中国未成年人研究中心针对12个省市未成年人犯罪问题的调查也证实：简单粗暴的家庭教养会助长未成年人的反社会性行为和暴力倾向。[①] 2000年轰动全国的"徐某弑母案"中，导致悲剧最主要的原因就是其母亲长期毫无理由360度无死角支配他。徐某曾向记者透露："我的父母总是把我当小孩看，把我管得很死。我的任何东西母亲都要翻看，我一点小秘密都没有。有一天，我偷偷出去和同学溜冰，母亲翻看我的日记，知道了这件事，等我回来时，母亲骂我，狠狠地打我，狠狠地打我的脸，狠狠地打我的腿，从此我再也不写日记了……我很爱打球，可是母亲不让我打，只让我在教室里学习。读高中后，每天都有晚自习，晚自习前有一段时间，同学们可以到外面打打篮球，这时母亲经常到学校来，监视我是在学习还是在玩，她希望我所有的时间都用来看书学习，课外活动时间也用来学习。我有时多玩了一会儿，晚了10分钟回家，母亲也要骂我打我。她经常打我，用棍子、用皮带、用扫帚，有时把扫帚都打断了。"

[①] 张良驯.与普通中学生对比的未成年犯家庭特征[J].预防青少年犯罪研究，2015（2）：16-22.

溺爱型家庭教养。其对应的是低要求、高反应。"偏袒"与"纵容"是这类家庭中常见的关键词,在教育中家长纵容放任、有求必应、不断妥协,却不敢也无法向小孩提出一点要求。家庭教育最主要的一项职能便是教会孩子明辨是非、知晓善恶,形成对法律、道德和规则的敬畏之心,清楚什么是做人做事的基本底线。而"溺爱"最大的问题就在于为了满足小孩的一时需求,甚至有时仅仅是因为家长为了"省事",就不断打破规则,孩子在"三观"尚未成形的情况下,很有可能因此养成无视规则、是非观念模糊、犯错不知悔改以及任性、自私等性格特点,这些最终都可能是导致其违法乱纪的重要基础因素。一项研究显示,把父母对未成年人的过度保护划分为不同等级,每上升一个等级,其犯罪的概率就提高 1.338 倍。[①]

小明(化名)和小刚(化名)系四川省达州市某乡镇中学学生,父母均常年在外打工。

小明的奶奶十分纵容和溺爱小明,小明从小便养成了嚣张跋扈的性格,稍有不如意,便大发脾气,甚至教训别人。某日做课间操时,小刚不小心伸手碰到了小明,小明顿时感到不爽,认为小刚在挑衅自己,于是在跑操时故意站到小刚身后,在弯道附近加速奔跑并用力撞击小刚,小刚随即摔伤在地。小刚父

---

① 赵军. 家庭因素与未成年人犯罪关系研究:对若干流行观念的定量检验[J]. 法学评论, 2012(2): 44-50.

母得知此事后，连夜从外地赶了回来。事发后，小刚的父母选择了报警处理。经鉴定，小刚身体损伤程度属于轻伤，小明被依法处以行政拘留15日。双方父母就赔偿问题进行协商时，小明的父母却称此事"一个巴掌拍不响"，只愿意赔偿几千元。小刚的父母既愤怒又无奈，于是一纸诉状告到了法院。[1]

冷漠型家庭教养。其对应的是低要求、低反应。这种家庭采取放任式的管理方式，对孩子的成长不管、不教、不关注。家庭本来应该是孩子成长的港湾，除了提供物质上的支持，更重要的还包括情感需求的满足和心理健康的呵护。可当父母主观上不愿意花心思在孩子身上或者客观上因忙于事业和工作而忽视这些需求时，可能会导致两种严重的后果：一是孩子因为无法从家庭中获得温暖和陪伴，转而向周围环境如社会或学校寻求精神慰藉，以一种补偿或"抱团取暖"的心理投入外界环境。这一过程汇聚的往往是有相同遭遇和经历的年轻人，在没有正确价值观念引导的情况下，他们可能结识社会上的不良朋友，受到社会不良风气的影响。研究调查显示，冷漠型家庭的孩子更容易受到网络不良信息和不良交友的影响。[2] 二是

---

[1] 溺爱孩子养恶习触犯法律酿恶果［EB/OL］.［2023-01-19］.https://www.meishanpeace.gov.cn/dpazsf/20230119/2696162.html.

[2] 周慧敏,刘昕,游涛.家庭因素对犯罪未成年人成长过程的影响及介入对策：以2014年北京市海淀区未成年人犯罪情况为例［J］.预防青少年犯罪研究,2016（4）：32-43.

冷漠型家庭和社会不良因素叠加导致的负性循环，当未成年人犯了错误时，不仅得不到来自家庭教育的及时纠正和帮助，反而在与社会不良同辈交往的过程中受到了鼓励和强化，如调查显示：16.9%的未成年犯多次参与违法犯罪活动，部分未成年犯在产生违法犯罪行为后，没有家庭的管束，或仅仅得到力度较轻的惩罚后，会故意再次实施犯罪行为。[1]冷漠型家庭培养出的孩子常常具有情感淡漠、防御性强、易受外界影响等人格特征。

◎依恋关系的守护作用

安全依恋关系的建立可能是一个家庭中最重要的一项功能，因为它直接影响到家庭教育的质量和孩子人格的形成。综观未成年人犯罪的理论和实证研究我们也发现，亲子依恋关系在其中发挥着至关重要的作用。中国预防青少年犯罪研究会调查发现，未成年人犯罪的暴力属性较为明显，实施抢劫、强奸、绑架、故意伤害、故意杀人和聚众斗殴等恶性暴力犯罪的比例较高，[2]而与暴力犯罪最为相关的人格特质就是反社会人格，心理学家在探寻反社会人格形成的机制时发现，依恋关系对其影响

---

[1] 王多，李嘉妍.论未成年人罪错行为分级制度的建立和完善[J].青少年学刊，2020（6）：7-10.

[2] 陆志谦.当代中国青少年违法犯罪问题研究[M].北京：中国人民公安大学出版社，2005.

深远。①依恋的概念最初由英国发展心理学家、精神分析师约翰·鲍尔比（John Bowlby）于1969年在其所著《依恋与失落》一书中提出，他发现当婴儿感知到要与母亲分离时，会哭喊着紧紧地抱住母亲，他将这种母婴之间紧密的情感联络称为依恋。后来人们在研究"二战"后孤儿院里的儿童时发现，他们比普通孩子遭遇焦虑、抑郁的风险要高得多。经过研究，心理学家认为这是由幼年时期缺乏稳定的"一对一"的抚养关系所导致的，后来依恋就泛指幼儿与照顾者之间的一种特殊情感关系、联结。②我们一般认为，安全的依恋关系具备以下三个方面的作用。

依恋关系是孩子人际交往的最初模板。父母是孩子最早接触的人，亲子之间的互动模式自然就成为孩子认识和理解人际关系并与外界发生交互作用的模板。这在心理学上被称为一套"内部工作模式"（inner work model）。父母对待孩子的方式将直接决定他们的人际交往模式，如未成年人如果在与父母的互动中感受到了被关爱和信任，那他就会认为自己在人际关系中是受欢迎的。反之，就可能形成对人际关系的不良认知，如当其在家庭中感受到了忽视和指责，就可能觉得自己同样不受其他人的欢迎。总的来说，这种"内部工作模式"主要包含两种成分：

---

① 蒋奖，许燕.反社会型人格障碍的心理治疗［J］.心理学探新，2004，24（4）：52–55.

② 何姗姗，杨萍.依恋理论视角下家庭暴力受害儿童的个案研究［J］.社会工作，2015（1）：66–73.

第一种是自我认知；第二种是对依恋对象的认知。前者指个体在依恋关系中获取的有关自我是否值得被爱和照顾的信息，后者指个体认为抚养者对其需求是否敏感和关注。[①] 依恋关系会直接影响未成年人在处理人际关系时选择的情感策略和行动方向。据此，心理学又将依恋分为多种不同的类型，包括"安全型""逃避型""反抗型""混乱型"。以儿童在房间内玩耍时对待母亲离开房间的态度为例，"安全型"的儿童只要与母亲共处一室，就充满了安全感，能安心玩耍，母亲离开房间则会表现出明显的苦恼情绪。但当母亲返回房间时，儿童会立即渴望与母亲的身体接触，苦恼情绪能迅速平复并继续玩耍。"逃避型"的儿童不会因为母亲的突然离开而表现出过分的紧张或焦躁情绪，无论母亲是否在身边，都表现出忽视、冷淡和逃避的态度。"反抗型"的儿童则是在母亲突然离开房间时，表现出强烈的反抗情绪。当母亲回到房间时，儿童则会主动寻求与母亲的接触，但同时也会表现出十分愤怒的情绪。"混乱型"儿童在这种情境下表现并不一致，总体来讲会出现对父母的恐惧和一系列前后矛盾的行为反应。这些不同的依恋类型最终都会在其日后的人际交往中体现出来，与社会因素一起主导着未成年人形成稳定的社交模式和人际观念。

依恋关系是父母教育孩子的心理资本。一般来说，依恋现

---

① 张玉沛，郭本禹.鲍尔比的依恋理论及其临床应用［J］.南京晓庄学院学报，2012（1）：66-70.

象出现在儿童半岁以后，年龄越小，依恋的纽带作用越强。儿童会更听主要照顾者的话，当他对某一个人建立起依恋关系时，就会很容易被其教育。因此，我们说依恋关系是教育孩子的心理资本，如果没有这种关系，或者说依恋关系出现问题，那么后续的教育就会比较困难。例如，当一个陌生人让一个小孩上前来，通常孩子的第一反应是躲开和回避。而一旦这个人强硬地把孩子抱过来，孩子一定会哇哇大哭，用剧烈的方式表示对这个人的抗拒。因此，运用强制力是很难对孩子进行教育的。没有亲自抚养这个孩子，没有与孩子形成依恋关系，就缺乏对孩子的影响力和控制力，之后再想教育就变得很难。中国人民公安大学李玫瑾教授曾在访谈中提到一个典型的例子：

末代皇帝溥仪在其撰写的《我的前半生》中回忆了他早年的皇帝生活，他写道："到我11岁的时候，责罚太监已经是家常便饭，我冷酷无情、惯发威风的性格已经形成。""每当我不高兴、发脾气的时候，太监们就要遭殃了；如果我忽然高兴、想开心取乐时，他们也可能要倒霉，早在我懂得利用敬事房打人之前，不少太监已经吃过我恶作剧的苦头。有一次，在我八九岁的时候，我对那些百依百顺的太监忽然异想天开，想试试他们是否真的听天子的话，我挑出一个太监，指着地上一个脏东西对他说'吃下去'，他真的趴在地上吃了下去。"后来，他就经常这样了。在周围人的百依百顺面前，小皇上溥仪养成了以虐待别人取乐的恶习。周围人痛苦的同时也意识到，皇上这么长大，以后一定是个暴君、昏君啊！

于是，他们就想办法去教育改变他，当时，有资格教育他的只有皇家为他选择的老师，他称为"师傅"的人。然而，老师既不能直接说皇上不对，也必须要承认溥仪的权威。于是，老师开始给他讲历史上被称为"好皇帝"的人是如何仁义、如何有爱心的故事，即让他明白"仁恕之道"。可是，用溥仪在书中的话说就是"不管他们用了多少历史上的英主圣明故事来教育我，说来说去，我还是一个与凡人殊的皇帝！所以他们的劝导对我并没有太大效力"。慢慢地，周围人也发现，小皇帝闹事时叫来老师一点儿用也没有，根本不能制止他，更不能改变他。但他们发现，有一个人说话管用，小皇上能听，这个人就是他的奶妈。这个奶妈是小皇帝四岁登基时哭着喊着让她抱的人。溥仪在回忆录中写道："在宫中，唯一能阻止我恶作剧行为的就是我的乳母王焦氏。她就是我在西太后面前哭喊着要找回来的那位嬷嬷。她一个字也不识，不会讲什么君主之道和历史故事，但当她劝我的时候，我却觉得她的话是不好违拗的。"每次在他闹事时，乳母被叫来，正在发脾气的溥仪会主动迎上去，扑在奶妈的怀里，用他自己的话说："每当我扑到乳母怀里时，就是我最快乐的时候了。奶妈会悄悄地问我：'你是不是想我了？'我点点头。然后，她说：'我这不是来了嘛，咱不哭了……'听了她的话，我就会安静下来。有人把我的恶习告诉奶妈，她就劝我：'听说你让他们吃地上的东西。他们是人，怎么能吃地上的东西呢？'奶妈还说：'我见不得这事，你要再让他们吃地上的东西，我就不敢来啦。'我马上说：'你要来！我不让他们吃地上的东西了！'"这就是依恋的力量。在这里，奶妈教育溥仪用的不是大道理，而是情感。这种情感具有牵制的力量、教育的力量。[1]

依恋关系是预防犯罪的重要力量。在解释"人为何会犯罪"的经典理论中，美国犯罪学家赫希1969年提出的社会约束理论具有举足轻重的地位。他认为，人之所以不犯罪，是因为受到了社会外力的制约，这种制约来自社会组织和社会成员所认可和统一遵守的价值观以及行为准则。根据社会约束理论，未成年人出现违法犯罪行为是由于社会对个人的限制和束缚减弱甚至丧失，正如赫希在《少年犯罪原因探讨》中所言"任何人都是社会潜在的犯罪分子，人之所以不犯罪是因为个人与社会的联结可以约束个人不去实施违反社会规范与法律的犯罪行为"[2]。这些联结由4个部分组成，包括依恋、奉献、参与和信仰，[3] 而这些因素中最重要的就是依恋。未成年人在实施犯罪行为之前，他们会考虑父母对其越轨行为的反应，害怕自己的行为会破坏这种情感联结。因此，他们与父母的依恋越稳定、越健康、越牢固，他们犯罪的可能性就越低。在正常的亲子依恋关系下，父母能积极回应孩子需求，与孩子进行良性互动交流，孩子也充分信任父母，会自动克服自己的不良习惯。反之，如果依恋关系

---

[1] 张安妮,李玫瑾.李玫瑾教授谈心理系列四依恋[J].现代世界警察,2018（4）：122-125.

[2] 王广聪.犯罪学中社会控制理论的回顾与展望[J].青少年犯罪研究,2010（2）：85-90.

[3] 特拉维斯·赫希.少年犯罪原因探讨[M].北京：中国国际广播出版社,1997.

出现问题甚至丧失,孩子会认为这种情感纽带是靠不住的,则变得越来越依靠自我,越来越自私自利,甚至毫无顾忌地走向犯罪。

◎ 人格独立性的培养

人格的形成受到遗传和环境因素两个方面的影响,其中家庭环境尤为重要。心理学家认为家庭系统对个体人格的形成有极为重要的影响,家庭系统包括家庭架构、收入水平、教养方式、父母文化素质水平等多个因素。[①]许多人格特点和行为模式都是在年龄较小的时候形成的,因此要培养健全的人格,和谐、温馨的家庭氛围必不可少。人格特质中的"自利性"或者说"独立性"对于未成年人的心理健康发展有着十分重要的保护作用,家庭的教养方式对独立性的培养具有正向的预测作用,好的教养方式可以培养出具有独立自主意识的孩子。当父母对孩子给予足够的情感温暖时,会增强孩子的安全感和自信心,使他们能够大胆灵活地面对生活中的事物,孩子有更多的发挥自主能动性的空间,使他们能够培养独立思考、独立决策的能力。但是过度的关心关爱也可能使他们在情感上过于依赖父母,从而减少人际交往的需求,也会降低他们的交际能力、适应能力和包容他人的能力。因此采用正确的教养方式十分重要,恰当的方法应该是父母能够充分理解并尊重子女,不对他们的生活进行过度的干涉,但在他们遇到困难时又能及时给予指导,鼓励他们,让他们大胆地去行动,

---

① 贝尔斯基J.人类早期经验:家庭视角[J].发展心理学,1980,17(1):3-23.

表明自己永远会在背后给予支持、指导和帮助。

2. 不良朋辈群体的推波助澜

未成年人犯罪的一大鲜明特征就是团伙作案现象严重。这是由未成年人的生理、心理特点所决定的。在生理上，他们大多处于青春发育期，身体的各项机能还未发育完全，还不具备单独作案的能力，通常不敢独自行动。而在心理上，未成年人在价值观念、认知、动机等方面容易受到下面几个方面的影响。

◎犯罪亚文化

1947年，犯罪社会学家萨瑟兰提出了著名的差异交往理论，他认为人并不是天生就会选择犯罪的，它是个体后天在环境中学习到的。因此，如果未成年人长久接触到的是犯罪群体，他就会受到这种文化环境的影响不自觉地模仿犯罪群体的行为模式并接受他们歪曲的价值观念，从而增加犯罪的可能。亚文化（subculture）指的是区别于主流文化的次级文化，它拥有内部自洽的价值观、行为模式、文化信仰，并会赋予文化成员一种可辨识的身份，提供归属感和价值感。例如，20世纪80年代我国开始出现摇滚文化，其激情独特的音乐形式和叛逆个性的文化内涵得到大量青年的追捧，是亚文化在音乐圈的具体表现。毫无疑问，许多犯罪或不良青少年群体本身就是一种亚文化群体，与这些群体的交往就是未成年人接触亚文化的开端，未成年人会不断受到他们错误价值观念的影响，以这些人为榜样去模仿学习他们的做法，最后慢慢地从越轨、违法行为的模仿者变成了传播者。这种亚文化群体对未成年人最大的危害主要集中在以下三个方面。

一是在竞争中形成崇尚暴力的价值观念。未成年人所在的亚文化群体实际上是一个相互竞争的系统，他们希望通过竞争的方式来获得尊重，体现自身价值。同时，"暴力"又是这种亚文化环境的一大特色，这个群体里保留着许多具有攻击性的文化"习俗"。因此，以攻击他人、抢夺他人财产的方式来彰显自己在同辈竞争中的优越性成为这个群体的一大法则，看似普通的抢夺金额有着远远超过其自身货币价值的符号价值，因为抢夺财产这个行为本身就象征着未成年人具备了侵犯他人的能力。首先，这里的财产不一定是有形的财物，也可能是另一个人的荣誉感，是一场斗殴的胜利，是他人的尊严，当未成年人可以从另一个人那里抢夺财产并炫耀它时，又可能激起其他人的挑战，形成暴力的恶性循环。其次，无论是获得财物还是对他人支配，谁能控制这个游戏谁就是赢家，就会获得"尊重"，这种"尊重"带来的成就感和满足感在未成年人眼里是十分珍贵的，他们甚至会冒着违法犯罪的风险获得和保持这种"尊重"。这两个方面因素都在助推未成年人暴力手段的不断升级。

2020年11月23日，某职高高一学生田某（16岁）与其他学校学生发生口角冲突。返校后,双方各叫来多名学生准备实施斗殴,田某一方7人,另一方约20人。田某主动上前挑衅并殴打其中一人,而后被其余20人围攻倒地,在其失去反抗能力后,另一方的20人中突然冲出一人手持匕首捅向田某致其死亡。①

二是标榜"为了叛逆而叛逆"的反抗精神。 接触亚文化环境的未成年人,会逐渐在心理上接受并认同亚文化群体中的各种观念,开始排斥和蔑视主流社会的价值观,甚至与之对抗。未成年人本身处于心理上的叛逆期和生理上的发育期,自控能力差,做事易冲动,不甘心被束缚。他们犯罪的原因之一,在很大程度上是对主流社会感到厌倦、与传统社会相隔离。犯罪成为他们寻找"刺激"、彰显"反叛精神"的一种形式,他们渴望打破在其看来平庸得如同死水一般的学习生活,在突破禁忌、蔑视权威、逃避惩罚的过程中,体验到兴奋和刺激。

这种叛逆心理最令人担忧的一点是,它可能演变为一种玩世不恭、不知敬畏的生活态度,让未成年人缺乏遇事冷静思考的理智,动辄采取暴力手段解决问题,面对执法者时,也毫不畏惧。有的未成年人在受到这种文化的侵蚀后,甚至认为进监狱并不是一件不光彩的事情,反而是日后可以拿来向同辈炫耀

---

① 黑龙江望奎县发生学生斗殴致1人死亡,警方已控制嫌疑人[EB/OL].[2020-11-23]. https://news.china.com/socialgd/10000169/20201123/38997329.html.

的资本。对他们来说,"朋友圈"的欢呼和尊重带来的快乐要远远强于警察手铐的威慑。

三是崇尚为了兄弟"两肋插刀"的"江湖道义"。每个人都是社会性动物,交往是人类的需要。未成年人在与亚文化群体的交往过程中,自然而然会产生友情。这种友情是亚文化群体内部精神联结的纽带,对他们有着特别重要的意义。而由于未成年人认识水平的局限性,他们对友情的理解往往会比较极端和片面,这种感情易被歪曲、误解成"江湖义气",这种所谓的"友情",是建立在无视个人前途、道德准则及国家法律基础之上的。"有福同享,有难同当""为哥们儿两肋插刀",成了许多未成年罪犯的精神信条。为恪守信条,显示自己讲义气、够"哥们儿",为了"哥们儿"而实施盗窃、斗殴甚至杀人犯罪等情况屡见不鲜。这种"友情动机"反过来又成了未成年人内心合理化自身犯罪行为的最佳理由。在许多案件中,未成年罪犯杀了人竟不知死者是何人、究竟为何事要将其置于死地,反而"一本正经"地认为自己为朋友做了正义之举。而罪行暴露后,他们又可能为了"哥们儿义气""逃避惩罚"等原因,互相包庇、串供,拒绝交代罪行,形成"攻守同盟"。

2020年2月,16岁的李某和于某在一起闲逛。而后李某接到了张某(15岁)的一个电话,在电话里,张某质问李某前期套现一张信用卡的事,由于情绪激动,言辞较为粗俗。此时,李某身旁的于某看不下去了,出于讲"义气",于某接过电话和张某对骂,从此"结下梁子"。2月29日晚上,李某、张某和魏某在葫芦岛市某处喝酒。其间,张某想起前段时间被于某骂的事,仗着当天人多,提议去打于某一顿。于是,一行人就奔赴于某居住的小区。张某和于某素不相识,几个人商定,由李某将于某骗出来再动手。3月1日凌晨,李某先是约于某出来溜达,谎称买了烧烤等他吃,待于某下楼后,张某、魏某从车里拎出镐把,将于某打倒并持续攻击其头部致其重伤。事后,民警通过多方调查将三名犯罪嫌疑人抓获,在审讯过程中,三人均矢口否认伤害于某一事,但最终在公安机关的证据面前认罪服法。[1] 此案中,因为讲"义气",素不相识的张某与于某结下了"云仇恨";因为讲"义气",根本不认识被害人的魏某见到于某后二话不说就抡起了镐把;还是因为讲"义气",三个人定下了"攻守同盟",谁也没有向家人说出打架的经过,甚至在面对警察讯问的时候也是百般推脱,试图掩盖犯罪事实。

◎从众心理

亚文化群体中的"同伴"关系为身处其中的未成年人提供了情感的寄托与补偿,也为他们增强了心理上的安全感。这种关系是未成年人认同亚文化的"领路人",未成年人更愿

---

[1] 冲动是魔鬼! 一少年酒后伤人致死 [EB/OL]. [2020-09-11]. https://www.sohu.com/a/417485910_117916.

意"参与"同伴群体的活动，他们会经常混在一起，在网吧、酒吧、赌场等场所聚集，只要能够和同伴在一起，无论同伴做什么他们都愿跟随，他们一起玩乐，一起交往，一起实施反社会行为。从心理学角度来看，其原因主要是以下两个方面。

首先，在这种关系中，他们把彼此当作朋友，在冲突中相互帮忙，在生活中相互支持，在情感中相互慰藉，视彼此为最重要的社交和支持伙伴，把彼此当成最重要的兄弟。因此，他们会在行为上相互模仿，并且要求新加入团体的成员也学习他们的行为，而新成员为了维持这种"同伴"关系，势必产生"从众行为"，使自己的行为朝着与大家一致的方向发展，朋友做什么，他们便做什么，即使是违背道德、违反法律的反社会行为，也"义"无反顾地照做。而如果他们不选择"从众"，则会被看作群体中最不讲义气的"背叛者"，是没有血性的"软脚虾"，会逐渐被群体边缘化，踢出同伴圈，这种情况是青少年绝不能接受的，因为同伴是青少年在社会单位里最重要的交往伙伴和基本支持来源，是他们获得"满足感"的主体。其次，"从众行为"可以为未成年人的违法犯罪行为提供合理化的解释，以减轻他们的心理负担。一般来讲，任何人在道德层面都是排斥越轨或者犯罪行为的，因为这些行为会带来内疚、惭愧、负罪等负面情绪，而处于犯罪群体中的未成年人则会启动心理防御机制来试图摆脱这种负面情绪，将问题归咎于"从众"就是典型表现，未成年人会用"反正我只是做了大家都在做的事""这个事是别人叫我做的""我不做没办法在团体里立足"来自我安慰。

例如,相较于充斥网络的各种吸毒原因——炫富、减肥、疏解压力、寻找刺激等,越来越多的年轻人吸毒的原因似乎更为简单:绝大部分人是因为从众,周围人一鼓动,很容易就陷进去了。吸毒,大多情况下并非单独的行为,而是一个从众行为。一个人觉得吸毒好玩,就会呼朋唤友。人多气氛"high",越发觉得这是一种"享受"。

◎ 责任分散效应

未成年人犯罪具有十分显著的团队性和结伙性,除上文提到在生理上未成年人犯罪能力不足的原因外,另一大重要原因是"共同犯罪"带来心理安全感。一项调查显示:未成年人犯罪中约有 85.7% 是与他人结伙共同犯罪。[1]"跟着大伙一块儿干"的心理给了未成年人一种安全感,他们往往会在潜意识里藏有朴素的"法不责众"的观念,认为一起做"坏事"可以分散自己的罪责,从而脱逃或减轻自己所受的惩罚,这是一种典型的侥幸心理。同时,这也是心理学上所讲的"旁观者效应"(又称责任分散效应)在违法行为中的体现。当未

---

[1] 姚兵.未成年人犯罪生成中的网络作用机制探讨[J].公民与法(综合版),2012(2):25-27.

成年人需要独自为"做坏事"负责任时，他承担了更大的道德压力，即便单干的回报更加丰厚，也不足以消除其对犯罪的内疚心理。然而一旦参与的人多了起来，这种道德上的约束力和对后果的恐惧就被分散了，对恶行袖手旁观甚至加入其中都成为可行的选择。

2019年12月18日，某人民法院以犯聚众斗殴罪、寻衅滋事罪判处被告人叶某华、李某卓、郑某林、姚某林、郑某坤、李某伟、郑某玮有期徒刑四年三个月至八年不等，其余同案未成年犯也被处以了刑期不等的刑罚。该案以被告人叶某华、李某卓为主要纠集者，经常通过叶某华建立的"聚义堂"QQ群纠集被告人郑某林、姚某林、郑某坤等社会游手好闲人员，形成了相对固定的恶势力犯罪团伙，他们以暴力手段在平南辖区实施多起寻衅滋事、聚众斗殴等违法犯罪活动，为非作歹，扰乱社会生活秩序，造成了极为恶劣的社会影响。[1]令人惊讶的是，在审判后对这些未成年犯进行采访时，他们不约而同都觉得自己被判重了，尤其是主犯李某卓告诉记者自己之所以纠集这么多人，就是出于"人多力量大，人多被抓了也没事，我们这么多人他们不会拿我们怎么样"的心理。

---

[1] 未成年效仿"古惑仔"成立恶势力团伙为非作歹！法院判了[EB/OL]．[2019-12-22]．https://mp.weixin.qq.com/s/DALXpXN-xJ3frUQt6uY5Ug．

3. 危险在青春期潜伏

青春期是人一生中心理能量最充足的时期，也是人生中最美好的岁月，有挑战，有享受，有孤独，也有陪伴。但是，这也是孩子发生"犯罪"的高峰时期。处于青春期的未成年人，是充满好奇心、追求自主的"探险家"，最为典型的特征是"以自己为中心"，经常公然挑战父母。

心理学家埃里克森认为，人的自我意识发展持续一生，在青春期阶段，未成年人会出现自我同一性危机。他们会出现本能冲动的高涨，同时又面临新的社会要求，这将不可避免地使其感到困惑与混乱，甚至做出越轨与犯罪行为。因此，同一性危机是未成年人来自青春期的挑战。

作为家长，应该如何有效帮助孩子应对青春期的挑战，如何陪伴孩子顺利地度过青春期呢？接下来，本节将介绍影响未成年人成长与犯罪的个体因素，帮助您更好地教育孩子学会与好奇心共处，引导孩子正确认识权威与规范、处理个人与群体的关系、发展自我同一性，使其在既保持个性又符合社会规范的要求中顺利度过青春期。

◎ "天生好奇"——成长阶段的感觉寻求倾向

心理学研究发现，仅仅两岁的孩子就能表现出寻求刺激的特征，他们会选择更加新奇的玩具，对新玩具和声音的反应更加灵敏。

好奇心总是能给平凡无奇的生活注入各种色彩，而当我们近距离地观察好奇心时，会发现好奇心也存在一个临界点：错误的时间、地点或条件下产生的极端好奇心，可能会带来黑暗与毁灭。

实际上，好奇心是一种人类普遍存在的心理状态，是个体学习的内在动机之一。物理学家爱因斯坦对"神圣的好奇心"推崇备至，并将它视为人类最宝贵的品质。[①]好奇心定义的发展历史悠久，学术界从不同角度提供的观点丰富了人们对好奇心的认识（见图1-1）。心理学认为，好奇心是个体遇到新奇事物或处在新的外界条件下所产生的注意、操作、提问的心理倾向。

拥有一颗好奇心就容易犯罪吗？答案自然是否定的。未成年人处于个人兴趣培养与发展的高峰时期，好动、好奇、好学、好模仿都是青春期的显著特征，他们控制不住自己猎奇的心，总会好奇自己没有见过、听过、想过的新奇信息，想要一探究竟，挖掘其中的奥秘。例如，他们生活在地球上，就会好奇月球与太空的情况；他们生活在现实世界，就会好奇互联网虚拟世界中的逸闻趣事；他们生活在现代社会，就会好奇武林传奇中的绝世神功。

从积极的方面来看，人类的好奇心，是人类求知和探索的动力。为了探索太空的奥秘，人们不怕牺牲生命；为了探究南极洲的状况，人们不畏严寒；为了求得一个真理，人们愿长年面壁、

---

① 黄骐，陈春萍，罗跃嘉，等.好奇心的机制及作用[J].心理科学进展，2021，29（4）：14.

终年跋涉。从消极的方面来看，好奇心也是阻碍人类健康发展的重要因素。在缺乏鉴别的情况下，若对所有新颖事物都感到好奇，往往就会使人陷入危险，甚至走向罪恶的深渊。

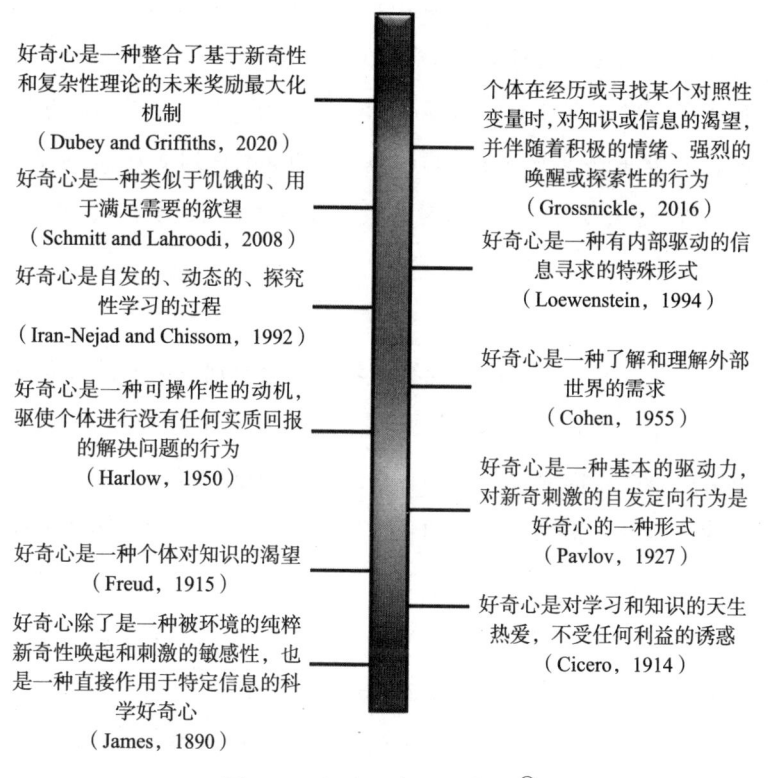

好奇心是一种整合了基于新奇性和复杂性理论的未来奖励最大化机制
（Dubey and Griffiths, 2020）

好奇心是一种类似于饥饿的、用于满足需要的欲望
（Schmitt and Lahroodi, 2008）

好奇心是自发的、动态的、探究性学习的过程
（Iran-Nejad and Chissom, 1992）

好奇心是一种可操作性的动机，驱使个体进行没有任何实质回报的解决问题的行为
（Harlow, 1950）

好奇心是一种个体对知识的渴望
（Freud, 1915）

好奇心除了是一种被环境的纯粹新奇性唤起和刺激的敏感性，也是一种直接作用于特定信息的科学好奇心
（James, 1890）

个体在经历或寻找某个对照性变量时，对知识或信息的渴望，并伴随着积极的情绪、强烈的唤醒或探索性的行为
（Grossnickle, 2016）

好奇心是一种有内部驱动的信息寻求的特殊形式
（Loewenstein, 1994）

好奇心是一种了解和理解外部世界的需求
（Cohen, 1955）

好奇心是一种基本的驱动力，对新奇刺激的自发定向行为是好奇心的一种形式
（Pavlov, 1927）

好奇心是对学习和知识的天生热爱，不受任何利益的诱惑
（Cicero, 1914）

图 1-1 好奇心定义的发展[①]

---

① 黄骐，陈春萍，罗跃嘉，等.好奇心的机制及作用[J].心理科学进展，2021，29（4）：14.

某县一未成年男子因为好奇购买恐怖视频，出于炫耀发给其他人看，这样的违法行为给其招来了牢狱之灾。2019年11月22日，陈某通过支付宝向QQ昵称"发"的网友支付8.88元，购买了五个疑似暴恐音视频，下载保存在自己的iPhone 7 Plus银白色手机内，总时长共18分55秒。2019年11月24日，陈某将手机内的部分音视频通过QQ发送到吴某QQ号内。2019年11月26日陈某又将手机内的部分音视频发送到李某QQ号内。2019年12月9日，被告人陈某被鄱阳县公安局民警抓获。陈某到案后如实供述自己的犯罪事实。①

为什么并未长大成人的青少年会因好奇而杀人？ 这主要缘于青少年的强好奇心和低认知能力之间的矛盾。青少年具有极强的好奇心，但心理与认知水平的发展速度并未跟上好奇心的步伐，尚处于稚嫩、滞后的状态。青少年低水平的认知能力使他们无法理解、筛选与处理所获取的信息，只能肤浅地看到事物的表象，没有能力深入思考事情发生与发展的本质，因而容易被表象迷惑而做出令人震惊的越轨行为。

对此，父母应当致力于提高未成年人的认知水平，并将未成年人的强烈好奇心引导至正道上，要善于将未成年人的好奇心转化为学习的兴趣。好奇心如果引导得当，未成年人就会不

---

① 出于好奇散发恐怖视频 少年锒铛入狱悔莫及［EB/OL］.［2020-10-16］. https://www.chinacourt.org/article/detail/2020/10/id/5526881.shtml.

顾一切地去为社会科技与人类文明进步而求知、探索与奉献；但是，如果引导不当，他们就会不惜一切去贪玩、作恶，甚至是犯罪。

此外，我们还需要认清的是，由好奇心引发的犯罪不是好奇心的错误和罪过，正如同有人利用真理去犯罪而真理本身并不邪恶一样。人类如果没有了好奇心，也许就没有了持久的兴趣和强烈的追求，那么社会发展速度也必定会随之减慢。

◎ "特立独行"——叛逆期的角色混乱冲突

叛逆，是青春期的显著标签，是处于青春期的未成年人中普遍存在的现象。在这一时期，我们总能在孩子与父母的争吵中听到"我已经长大了，我能行""你别管我，我自己来""为什么我不能"……究其根本，叛逆是未成年人的一种强烈自我表现欲。他们通过"特立独行"与"唱反调"来引起他人更多的关注，试图改变他人对自己"幼稚"的看法，努力向社会证明"我已经长大了"。

不可否认，对未成年人而言，叛逆心理对其人生观的形成、人格的塑造、心理的发展与身体的健康均是不利的。叛逆会导致未成年人形成敏感多疑、冷漠孤僻、偏执易怒等性格特点，常常出现莫名的焦虑、抑郁等心理问题，使未成年人精神萎靡、学习被动、意志消沉，最终影响他们的学习、生活和人际交往。

叛逆心理若进一步恶化，还可能使未成年人向病态心理障碍或犯罪心理转化。在青春期阶段，叛逆会使得未成年人频繁出现品行问题，如表现为逃学、说谎、违纪、对抗长辈，甚至是敲诈、偷窃、抢劫、打群架、校园霸凌等；存在品行问题的未成年人会在不同程度上表现出暴躁、情感肤浅，对挫折的耐受力差，具有高冲动性与高攻击性，对待犯罪毫无悔恨感与羞愧感，最终形成反社会人格。至此，我们不禁会思考：**为何未成年人会叛逆，极端的甚至由此走上犯罪道路？**

实际上，未成年人出现的自我同一性危机、角色混乱冲突与他们的叛逆及犯罪行为之间存在着密切关系。心理学家埃里克森认为，如果一个孩子感到他所处的环境剥夺了他在未来发展中获得自我同一性的种种可能性，他就将以令人吃惊的力量抵抗社会环境。在人类社会的丛林中，没有同一性的感觉，就没有自身的存在，所以，他宁做一个坏人，或干脆死人般地活着，也不愿做不伦不类的人，他自由地选择这一切。

自我同一性的本意是证明身份，指未成年人尝试着把与"自己"有关的各方面综合起来，形成一个自己决定的、协调一致的、不同于他人的"自我"，是对"我是谁""我将来如何发展"，以及"我如何适应社会"等问题的主观看法。简言之，进入青春期之后，未成年人的自我意识大大增强，他们对自身的关注变得更为敏感，诸如"我是谁""我想成为什么样的人"等问题引导着每个未成年人思考。

当未成年人无法"发现自己"的时候，他们就会陷入父母眼中"应该的自己"与"实际的自我"不一致的思维困境，具体表现为对自我的评价较低，甚至是对自己的存在产生怀疑，这使得他们可能会对自己与他人的关系感到不信任、丧失自尊与信心、对学习与生活缺乏热情，甚至走向极端，这便是未成年人的自我同一性危机。

毫无疑问，由自我同一性混乱而带来的危机感和恐惧感使未成年人出现犯罪与自我毁灭的倾向，他们通过犯罪来寻求补偿以满足自己的同一性需要。**那么，面对孩子无处安放的叛逆，父母应当如何教育与引导？**

（1）学会倾听、允许试错

一方面，父母应当尊重孩子的自我感受，认真倾听孩子的诉求，尝试以对待成人的态度对待他们。例如，与孩子有关的决定，可以事先询问他们的意见与想法，这可以使其切实感受到自己是被尊重的，同时还可以培养孩子独立思考与自我省思的能力。另一方面，父母应当降低对孩子的期望值，"望子成龙""望女成凤"往往会事与愿违，要允许孩子犯错，给他们留足试错空间。

（2）教育孩子正确认识权威与规范

父母应当以身作则地为孩子提供令人信服与敬佩的社会权威形象。权威不是压迫，树立好的榜样可以帮助孩子自发地努力成为他们所尊崇的对象。如此一来，可以很好地规避未成年人由于无知、单纯、好奇、幼稚、不成熟而打破社会规则，陷入犯罪的泥潭。

（3）教导孩子恰当处理个人与群体的关系

父母应当教导孩子主动进行人际交流，学会建立良好的人际关系。每个生活在社会中的人都不是独立存在的个体，合群是青春期的关键词之一。而真诚待人、与人为善是处理人际关系的核心所在。同时，父母还应该培养未成年人正确的社会认同感，让孩子在社会主流文化环境中体验到获得感。

（4）引导孩子在发展的过程中保持自我同一性

父母应当引导孩子正确接纳自己，与他们畅谈人生意义，帮助他们"发现自己"，在发展的过程中顺利解决青春期的自我同一性危机。正面教育和感染力量可以帮助孩子建立是非观、激发意义感，在一定程度上抑制"不撞南墙不回头"的偏执。

（5）指导孩子在符合社会规范的同时保持个性与独立

父母应当给孩子一定的私人空间，不要以"爱"之名"绑架"孩子、事事约束他们。对孩子的行为，要做到"有所管有所不管"：一方面，需要让孩子明白做人做事要"有章法""讲规矩"，坚守自己的原则和底线；另一方面，要给予孩子足够的自主权和选择权，如果让他们事事都顺着家长的心意，结果必然会磨灭孩子的个性与独立意识。

4. 习得犯罪：未成年人犯罪的环境因素

身心都未成熟的未成年罪犯，是如何一步步迷失自我、走上犯罪道路的呢？除了个体自身因素、家庭因素，社会环境因素也是造成他们犯罪的重要客观原因。例如，社会上公开出售可能夹杂着宣扬暴力和色情内容的书籍、杂志、音像制品，这些"文化垃圾"严重侵蚀着未成年人的身心健康，潜移默化地"塑造"着未成年人的犯罪意识。

社会环境因素究竟对未成年人越轨与犯罪行为有何影响？围绕着"有样学样"与未成年人犯罪这一主题，接下来将探讨"榜样"、大众传媒是如何让未成年人在不知不觉间习得犯罪行为的。

◎犯罪的社会学习理论

人是环境的产物，人的行为可以通过社会学习获得。学习，是人类与生俱来的能力，贯穿于我们的一生和整个社会化过程。

最早提出社会学习理论的人，是来自美国的社会心理学家班杜拉。他认为，人类学习的内容，不仅仅包含自身经历的事件，更多的是物质世界中时刻发生的与"自我"无关的事件。[1] 也就是说，人们不必事事亲身体验与经历，可以通过观察他人的行为及其后果来实现间接学习，这便是极具影响力的"观察学习"。未成年人正处于身心快速发展的时期，无论是好奇心还是模仿性都是极强的，这一时期是观察学习的"黄金时期"。他们可以观察包括父母、老师、同学、朋友、陌生人等在内的各方面人物所表现出的行为及其结果，从中获得自身的行为模式。毫无疑问，观察学习对于未成年人文化知识的获取、生活方式的养

---

[1] 纪高闯，马安然，德力达尔.纪念班杜拉对社会学习理论的发现：基于数理心理学架构的回顾[J].心理研究，2022，15（1）：27-35.

成、道德品质的塑造、社会行为的习得，具有极为重要的作用。[1]

观察学习是由注意过程、保持过程、动作再现过程以及动机过程四个阶段构成的，每一个阶段都有自己的运行机制（见图1-2）。

- 注意过程，是观察学习的起始环节，观察者注意榜样的行为，而后观察榜样在活动中的各个细节。在这一阶段最重要的是，我们在大量繁杂的榜样表征中选择什么来进行观察、怎样进行观察。
- 保持过程，这是观察者将所观察到的信息从短时记忆转变为长时记忆的过程，储存在大脑中以备后续使用。该阶段的主要目的是学会并记住，涉及符号编码、认知组织（加工）与复述。
- 动作再现过程，这是观察者将在早期情境中观察到并存储于记忆中的信息转化成外显行为的过程，即我们按照自己既有的行为模式与特点，将之前观察到的内容转化为自身行为。
- 动机过程，这是观察学习的最后一步。观察者感受到如果做出所学行为可能会获得奖励，因而不断强化榜样行为。

---

[1] 张良驯. 青年社会教育的理论依据[J]. 中国青年社会科学, 2017, 36(6): 9.

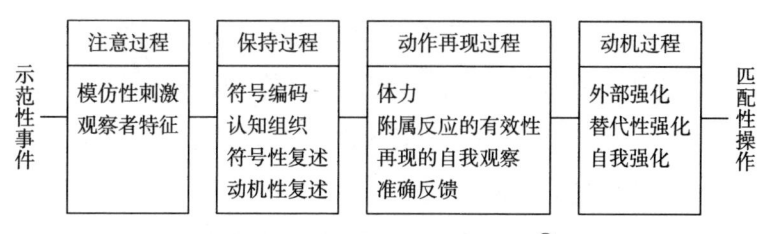

第一章　心理学视角下未成年人犯罪问题的原因分析

```
示              注意过程      保持过程      动作再现过程    动机过程         匹
范                                                                      配
性         →  模仿性刺激    符号编码      体力           外部强化     →  性
事              观察者特征    认知组织      附属反应的有效性 替代性强化       操
件                            符号性复述    再现的自我观察  自我强化         作
                              动机性复述    准确反馈
```

图 1-2　班杜拉观察学习理论[①]

为了验证观察学习的情况确实存在，班杜拉特意开展了"波比娃娃"实验，证实了未成年人可以通过观察无意识习得攻击模式。具体来说，"波比娃娃"实验主要由三个环节构成。[②]

- 在第一个环节，实验者安排场景，让参与实验的孩子们观看一系列包含攻击性动作的录像。录像中有一名成年女性对着一个 5 英尺（约 1.5 米）高的充气娃娃进行暴力攻击，包括用脚踢、推倒并压住击打鼻子、抱起来抛向空中以及用木槌打充气娃娃的头，边打还边喊着"打你的鼻子""打倒你""逮住你"，该过程持续了 10 分钟才停止。

- 在第二个环节，将所有孩子分为三组，他们看到三种不同结果。

（1）榜样奖励组：孩子们看到录像中另外一个成年人用糖果和点心奖励了打充气娃娃的成年女性；

[①] 王晓萍.榜样的力量是无穷的：班杜拉的社会学习理论[J].江苏教育，2018（40）：4.

[②] 王晓萍.榜样的力量是无穷的：班杜拉的社会学习理论[J].江苏教育，2018（40）：4.

（2）榜样惩罚组：孩子们看到录像中另外一个成年人对打充气娃娃的成年女性进行了批评和惩罚；

（3）无反馈组：孩子们看到打充气娃娃的成年女性没有得到任何奖励和惩罚。

- 在第三个环节，实验者将孩子们带到另一个与录像情境相同的房间（里面有攻击性物品如木槌和索套，以及非攻击性物品如小车和波比娃娃），并告诉孩子们，这里有很多玩具，他们可以自由玩耍10分钟。研究者透过单向玻璃观察着孩子们的一举一动，记录孩子们的动作与模式，结果发现，榜样奖励组和无反馈组的孩子都比榜样惩罚组的孩子表现出更多的攻击性行为。

"波比娃娃"实验的这一发现被列入了心理学经典教材之中。毫无疑问，"耳濡目染"使他们在无意识中习得了攻击、暴力，甚至是犯罪行为的模式。

13岁的费某某，家庭贫困，自小被父母娇纵，为了上网、吃喝玩乐，从6岁开始就经常偷拿家里的钱。8月中旬的一天，某电视台播放了一桩绑架勒索案，绑架者绑架并杀害了一个有钱人家的孩子，敲诈勒索赎金19万美元。这则"案例"给费某某带来了"灵感"，为了搞钱，他开始盘算着如何绑架杀害同村的小伙伴小龙，向他的父母勒索赎金。

9月6日，费某某用欺骗的手法将9岁的小龙骗到村西杨树林，用一根旧拉链绞勒小龙颈部致其窒息死亡，并就地挖坑埋尸，然后携带小龙的部分衣裤离开，准备伺机向小龙的父母实施敲诈。9月17日，小龙的尸体被村民发现，市公安局刑警支队和县公安局刑警大队开始侦查。费某某只好放弃敲诈小龙父母的打算，但他却对公安机关的悬赏公告——提供破案线索奖励2万元——产生了浓厚的兴趣。他灵机一动，这不也是一个很好的发财机会吗？

费某某潜至当时受重点怀疑的小磊家，把小龙的牛仔裤扔进小磊家的猪圈。后费某某趁和父母一起赶集的机会，单独来到一间公用电话吧，拨通公安机关悬赏举报电话，告知警方自己在小磊家的猪圈里发现小龙裤子的"线索"，并要求："案子破了后，一定要给我奖金啊！"

县公安局通过严格的排查，最终确认拨打电话的就是费某某。调查的结果，所有的犯罪线索和证据都指向了费某某这个貌不惊人的少年。在铁的事实和证据面前，费某某不得不交代了自己从预谋、准备到实施绑架勒索的全部过程。令人啼笑皆非的是，费某某在供述完自己的犯罪事实后，竟还对悬赏念念不忘，一直问办案人员："案子现在已经破了，我能拿到你们的2万元悬赏金吗？"①

---

① 13岁少年残忍杀害9岁男童 杀人灵感来源于电视［EB/OL］.［2006-04-25］.https://news.sina.com.cn/s/2006-04-25/08528783539s.shtml.

谁能相信，这样一起手段残忍、情节恶劣的绑架杀人案件，竟是一名年仅13岁的少年所为。我们发现，13岁少年残忍杀害9岁男童，其杀人"灵感"来源于电视，来源于观察学习。

　　总的来说，对未成年人而言，一旦他们目睹了攻击性行为的"表演"，或许攻击动作就已经在不知不觉中"学会"了。这就是我们常说的"有样学样"。简言之，"榜样"的力量是无穷的！好的坏的，都可以观察学习。

◎ 负面信息的诱导

　　信息化时代，对未成年人而言，互联网是一个集学习知识、获取信息、交流思想、开发潜能、休闲娱乐于一体的重要平台。随着我国互联网科技产业的不断发展，微博、微信、B站、抖音、快手等各类平台让人们可在第一时间快速获取信息。然而，任何事物都存在两面性，互联网上信息浩繁、应有尽有，但良莠不齐、鱼龙混杂。在信息的洪流中，我们面对的不只是各种信息、观点、分析、总结，还有谣言、谩骂、攻击、暴力与色情。此外，一些不法分子还利用自媒体平台设下陷阱，以曝光、删帖为由敲诈勒索。

　　互联网所传播的信息是复杂的混合体，其内容"包罗万象"。当然，要想互联网中没有一点消极因素也是不现实的。**那么，面对这样的信息世界**，未成年人该如何甄别、筛选与过滤信息就成为一个重要问题。

- 了解信息传播技巧，培养甄别信息真伪的能力

　　对未成年人而言，在信息时代最重要的是学会深度思考和

鉴别信息真伪。一些自媒体常常使用"夸大其词"的标题,以此为噱头来吸引受众的眼球、煽动读者的情绪。此时,未成年人绝不能直接认可、采纳这些观点,而是应当学会抛出问题——这则消息是真实的吗?它是来自权威媒体吗?是否有数据支持?总之,未成年人应当培养自己甄别信息真伪的能力,只有这样才能在纷繁复杂的网络世界获取可靠信息,并杜绝错误信息对其思想信念的入侵。

● 近朱者赤,近墨者黑:学会主动过滤低俗信息

"微世界"中,一些自媒体从业者为了"引流"可谓无所不用其极,其中不乏暴力、黄色、恶搞等低俗视频。这些不良信息毫无保留地向未成年人"开放",势必给他们的价值观念、行为模式带来负面影响。此外,互联网上的碎片信息太多,过于沉迷在这些碎片化信息中就像吸食"精神鸦片",自以为获得了很多知识,实则这些知识并不成体系,只是白白浪费了时间。因此,未成年人应当学会做好信息的筛选与过滤,主动拒绝有害信息。

5. 最后一道防线失守:社会控制功能的弱化

任何人在这个世界上都不是孤立存在的,不论你从事什么职业,身处何方,都不可避免地会与周遭发生联系。古希腊学者亚里士多德认为,人类是天生的社会性动物。从出生的那一

刻起，人类便开始了自身的"社会化"旅程，适应并吸收着当地的社会文化，有效地参与社会生活，与社会发生这样或那样的交互作用。

◎社会支持系统的断裂与建构

在成长的过程中，人们难免会遇到迷茫或心理冲突，这些难处让人感到紧张、焦虑与抑郁。研究发现，大多数青少年学生在遇到心理困扰时是希望获得外部帮助的，不论是来自同学、老师还是父母的帮助，都可以极大地减轻他们的心理压力。[1] 在未成年人的心理教育中，建立有效的社会支持系统是解决未成年人心理问题、促使其适应社会的重要途径。

那么，什么是社会支持系统？20世纪70年代，美国犯罪学家弗兰西斯·卡伦最早提出社会支持理论，指的是个人在自己的社会关系网络中所能获得的、来自他人的物质和精神上的帮助、支援。家人、朋友、爱人，甚至是愿意对你提供支持的陌生人，共同组成了社会支持系统。

由于未成年人正处在心智快速发展的阶段，他们的认知能力和心理承受能力参差不齐，常常会出现社会适应不良的情况。如果他们缺乏社会支持，仅独自面对困难，可能会使问题无法得到妥善处理，甚至走向更糟的境况。未成年人陷入自我封闭状态，不愿与他人沟通交流，更有极端者为了宣泄自己的苦闷

---

[1] 李士江.青少年社会支持系统及其构建[J].现代教育科学，2006.

与不满,可能会做出暴力攻击行为。

因此,构建一个良好的社会支持系统对未成年人而言是十分必要的。该系统为未成年人认识和评价自己的心理问题提供了一个平台,这既能满足他们爱的需要、人际交往的需要,还能帮助他们获得来自"四面八方"有关自己的反馈信息,认识现实自我与理想自我的差距。在某种程度上,社会支持系统既可以帮助未成年人应对现实困难,又可以缓解他们紧张和压抑的情绪,还能向他们提供正确的自我认知信息,使他们的心理朝着符合社会要求的方向健康发展,[1] 从而战胜挫折、走出困境。

那么,对于未成年人来说,应当如何构建自己的社会支持系统呢?

首先,在自我层面,未成年人要重视建立和完善社会支持系统,主动接纳他人的帮助。一方面,未成年人要意识到社会支持系统对个人身心健康发展的重要性,在困难时懂得向他人寻求支持,在快乐时懂得与他人分享喜悦;另一方面,未成年人要有意识地打造一个属于自己的、多维度的社会支持系统。社会支持系统并非一成不变的,我们可以不断扩大自己的社会关系网。例如,在学习、社团活动中主动结交新的朋友,获得新的社会支持。

其次,在家庭方面,未成年人要多与家人沟通,建立亲密关系。家是一个充满爱、有温度的地方,不论人们在外面经

---

[1] 李士江.青少年社会支持系统及其构建[J].现代教育科学,2006.

历了什么，回到家里都会得到治愈。家是一个人最重要的社会支持，也许正处于叛逆期的未成年人常常会与家人拌嘴，但他们一定不能忽略家庭能够给予的帮助，未成年人需要多尝试去耐心地跟父母沟通、交流，表达自己的情绪，大胆说出自己的困扰。

再次，在朋辈方面，向同伴分享与倾诉，积极建立信任关系。同龄朋友能给未成年人带来极大的情感支持，而友谊和信任则是朋辈支持的基础。确实，未成年人往往认为同龄人之间更能相互理解、感同身受；在面对积极事件或情绪压力、生活困境时，未成年人会更愿意和自己身边的密友、熟悉的同学分享和沟通。因此，未成年人需要积极地去结交朋友，用心建立和谐友善的友谊。

最后，在社会方面，可以向学校、社区寻求支持与帮助。学校与社区是未成年人生活成长的地方，当前，各级教育行政部门、各类中小学都对未成年人给予了极大的关注，并致力于为未成年人提供各类教育与服务。在学校，学生可以积极参加丰富多彩的校园活动，还可以向班主任、心理老师寻求帮助以理顺情绪、化解矛盾、缓解压力。在社区，未成年人可向社区心理救助站寻求帮助。这里有专业的心理辅导师提供心理咨询，帮助未成年人提高社会生活适应能力，改善生存状态，寻找实现人生价值的路径。[1]

---

[1] 李士江.青少年社会支持系统及其构建［J］.现代教育科学，2006.

此外，还请记住，社会支持系统是双向的。由家人、朋友、同学、老师等不同的人组成了我们的社会支持系统，实际上，我们也是社会支持系统的一部分。因此，我们不仅要在自己需要的时候大胆、勇敢地寻求他人帮助，更要学会在他人困难时向其提供力所能及的温暖与支持，有时候，被需要、被信任会让人更有幸福感。

◎匮乏的问题解决途径

2011年3月，一名未满17周岁的职业高中在读学生，因在网络上偶然看到"见血转运"的帖子，就伺机残忍地杀死一名无辜受害者，以改变自己"人生低谷"的现状。[①]该案的"特殊性"和"典型性"随即受到中央电视台《天网》栏目的关注。是什么让他笃信"杀人能转运"？为探索少年奇特的犯罪心理历程，有记者特意进行了采访与报道。

2011年3月30日下午6时30分左右，某职业高中在读学生徐某（外号"眯子"）携带预先准备的作案衣服和工具，来到某地下室，准备寻找一个不特定的杀人目标，以扭转他的"人生低谷"。他在地下室的楼梯口寻找时机与目标时犹豫了六七分钟，其间，有两个二十多岁的女子先后上下楼走了，徐

[①] 周忠伟，陈雯，俞莲英．"杀人转运"背后的犯罪逻辑：一起未成年人犯罪案件的调查与思考［J］．中国人民公安大学学报（社会科学版），2011，27（5）：5．

某没有下定决心。当第三个女子走来时他不想再错过机会，突然从楼梯口冲出，拉住这个三十多岁妇女的上衣把她往地下室拖，妇女的挣扎与哀求没能改变徐某杀人的决心，他手拿匕首、弹簧刀等事先准备和就地取材的工具，对着该妇女的头、颈、胸、腹、背、四肢等全身乱捅、乱刺四十多下，残忍地杀死了这个无辜的受害者，之后拿上自己所带的作案工具及死者的手提包离开。由于杀人之后心里很害怕，徐某就打了摩的将作案工具及妇女的手提包扔在了一所废房子里，又返回网吧上了一个小时的网，回家后一晚上都没入睡，第二天去学校照常上课。3月31日上午8时30分，两名工人在事发地查看电路时发现了被害者尸体。当日下午3时20分，犯罪嫌疑人徐某在就读学校被公安机关抓获归案。在后续的访谈中，徐某提及了自己作案前的心理。

徐某：我以前也想过怎样让自己排除心理压力，用什么方式发泄下……心情烦的情况下，有时候会通过打架来发泄。但是，因为打架老师烦我，我开始逃避上课，消沉在网络游戏中，后来被学校勒令退学。

记者：网上说的"见血转运"，这句话为什么对你有那么大的作用？

徐某：在我人生失意的时候，这句话给了我一个心理发泄的平台、方向，杀人后我感到心里轻松多了，得到了宣泄。

结合徐某的成长背景进行分析，不难发现，在父亲的棍棒、同学的嘲笑、老师的忽视、学校的放弃等多重打击下，少年徐某已经走投无路了。此时的他变得暴躁、易冲动，只想使用"拳头"来发泄自己内心的愤愤不平。而当他正苦恼于简单的暴力宣泄无法改变绝望的现状时，"见血转运"帖子的出现正好契合了他心中急需改变命运的强烈意愿，从而直接诱发了犯罪动机与行为。

那么，如果未成年人在成长过程中认为自己遇到了重大困难，已经到了"走投无路"的地步，可以向哪些机构寻求心理帮助呢？

第一，学校中通常都有专职心理咨询师，专门关注未成年人的心理健康和行为问题，这些心理老师大多具有较高的专业素养和职业操守，会在给予未成年人帮助的同时保护其隐私。同时，他们如果发现自身水平已经不足以解决某个学生的问题时，则会通过"绿色通道"将其转介给更为专业的校外机构或医院，最大限度为已出现心理危机的学生提供帮助。

第二，基层医疗机构建设有心理咨询服务平台，设立了心理咨询辅导室、积极心理体验中心等，未成年人可通过24小时阳光心理援助热线、网络预约专线和咨询邮箱等途径，寻求专业优质的心理咨询服务。

第三，法院、检察院也已将心理干预、心理疏导、心理矫治引入未成年人审判、社区矫正、犯罪预防等各个环节中，创新未成年人权益保护的方式和途径，帮助他们尽快走出阴影，将来更好地融入社会。

有了学校、社会、司法各方力量的加持，这些孩子走投无路时就有了新的支持力量。

6. 生物本能与未成年人犯罪

犯罪的本质是一种攻击行为，作为一种复杂的社会行为，攻击会严重影响未成年人的身心健康、人格发展和社会交往等。在大多数社会生物学家看来，攻击行为是由基因所决定的。心理学家威尔逊指出，攻击行为是人类为了确保自身安全而形成的一种本能，这种本能是经过长期的进化而发展起来的，攻击性较强的个体往往具有更强的生存优势。①

19世纪后半期，受达尔文进化论的影响，心理学把人类的动机归因于先天的本能，暴力倾向被认为是人类非常有力量的本能之一。美国心理学家威廉·詹姆斯也认为，人类皆有好斗的劣根性，人类的攻击倾向通过祖先遗传而来，人们基本无法摆脱攻击，只可能通过一些替代性的活动来消耗攻击的"动能"，进而使自身的攻击倾向得到控制。②

精神分析学派的创始人弗洛伊德认为，人性本恶，人类具

---

① 全国13所高等院校《社会心理学》编写组.社会心理学[M].4版.天津：南开大学出版社，2008：239.

② 全国13所高等院校《社会心理学》编写组.社会心理学[M].4版.天津：南开大学出版社，2008：243.

有攻击的本能。起初,他使用"自我"的概念来解释攻击本能,认为攻击和人类的性本能联系在一起,是由于性压抑所产生的困扰状态。而后,他提出了"死亡本能"理论:攻击可以向内转化为自我毁灭的行为,如自杀、自残,也可以向外转化为对他人的攻击。简单来说,人类的死的本能要么对内伤害自己、折磨自己、毁灭自己,要么对外伤害他人,甚至将他人置于死地,但无论是对内还是对外,这都是攻击的一种表达、宣泄方式。

那么,为什么我们并没有活在无尽的斗争与杀戮之中,而大部分情况下社会都是稳定和谐的呢?这是因为攻击虽然是动物本能,但我们不仅仅是动物。除了受到生物因素制约,人类的行为还会受到外界社会环境的影响,人们在社会化的进程中学会了"按规矩行事",最终使自己的行为朝着符合社会要求的方向发展。

◎进化心理学角度下的攻击行为

人人都可以做出伤害行为,即使是未成年人也不例外。相信大家应该十分熟悉以下场景:儿童在相处时,经常会有因为玩具或其他物品而生气甚至推搡的情况;在多子女家庭中,未成年的兄弟姐妹之间吵红了眼,不到一方胜出誓不罢休。

美国心理学家哈特普的研究显示,3岁到4岁的幼儿常常存在以争夺物品为目的的身体攻击,5岁以后儿童的这种侵犯行为减少,但敌意攻击有所增加,如推、拉、打、威胁、恐吓、骂人、摔坏别人玩具等。随着年龄的增加,孩子的攻击方式也在不断"升级"。比如,身体攻击由起初的推搡发展为打、扭、拧、砸、踩、抓等，言语攻击由轻微冲突发展为给他人取外号、嘲讽他人、歪曲事实谩骂他人、无中生有地恶意诽谤或侮辱他人等。

  从进化心理学的视角来看，攻击是一组行为策略，只有在高度特异化的背景条件下才会显现出来。攻击行为的潜在心理机制之所以能够得到进化，是因为它能够解决很多不同的适应性问题，如获得资源、同性竞争、提升社会等级及留住配偶等。进化的观点认为，攻击行为在男性身上表现得更为突出。激发男性对同性做出攻击行为的情境通常包括失业和未婚，因为这预示着潜在繁殖机会的丧失。此外，当男性的地位和名声受到威胁时，当他们怀疑有人"引诱"他们的伴侣时，他们也会对同性发起攻击。而男性对女性的攻击行为主要是为了控制女性的性活动，此时性嫉妒是引发男性对伴侣发起攻击的主要原因。在人类的进化历史中，男性的这种攻击行为很可能确实有助于阻止较为年轻的配偶出轨或不忠。

  女性之间的攻击行为则主要发生在同性竞争中，通常情况下不会使用身体攻击，而是通过言语攻击来诋毁竞争对手，或者通过社交手段来孤立对方。女性最常使用的毁谤策略就是攻击对方行为不检，或者嘲笑竞争对手的外貌。这些策略之所以有效，是因为放荡和丑陋的特征与男性在挑选长期配偶时的标准和偏好相违背。[1]

---

[1] 戴维·巴斯. 进化心理学［M］. 张勇，蒋柯，译. 北京：商务印书馆，2015：342-343.

总之,从进化的视角来看,采取攻击策略会给人类带来六个方面的收益:
- 夺取他人的资源;
- 保护自己和亲属免受攻击;
- 让同性竞争对手遭受损失;
- 提升自己的地位和社会等级;
- 打消竞争对手的攻击念头;
- 防止配偶出轨。

◎ 自我控制的缺失

调查显示,目前未成年人犯罪大多为"激情犯罪",以校园霸凌、聚众类犯罪居多,他们模仿"黑社会""古惑仔"等非法团体,做出行为时往往不考虑后果,对于社会交往中遇到的矛盾习惯性采用暴力手段解决,最终酿成诸多悲剧,而这在很大程度上只是由于未成年人的一时激情所致。

激情,是一种强烈的、暴风雨般的、激动而短促的情绪状态。所谓激情犯罪,是指行为人在激情状态下发生的杀人、伤人、毁物、爆炸等暴力性犯罪行为。未成年人处于青春期,情绪起伏较大,更容易受到激情状态的影响。

陈某和罗某是某中学学生,均16岁。一天晚上,二人接到同学顾某的电话,顾某说白天被人殴打,请他们帮忙去教训对方。于是二人各自携带一把刀子,又邀约十几个同学与顾某会合后，在一游戏厅找到白天与顾某打架的肖某和王某，陈某和罗某把对方砍伤后逃离现场。①

这就是典型的"哥们儿义气"导致的激情犯罪行为，陈某和罗某因帮同学打架而进了牢房。他们在激情的冲击下，骤然产生自以为豪气的"为兄弟两肋插刀"想法，在冲动下做出了暴力犯罪行为。

某中学17岁学生陶某与16岁的少女周某因琐事发生口角（陶某追求周某不成），遂破门闯入其家中，趁周某不备，拿出准备好的汽油浇到受害人头上并点着，致使其严重烧伤。经过医院7天7夜的抢救，周某虽然脱离了生命危险，但其一只耳朵被烧掉，头面部、颈部、胸部等严重烧伤，烧伤面积超过30%，烧伤深度达二度、三度，整个人面目全非。②

这就是典型的"口角冲动型"，恼羞成怒的陶某因一时气不过而失去理智，最终做出严重伤害行为。大家都知道"冲动是魔鬼"，那么，为什么未成年人还会激情犯罪呢？心理学家认为，自控能力较差的未成年人尤其容易产生消极的激情，他们可以

---

① 可参考 https://sfj.changde.gov.cn/xxyw/jcdt/content_307454。
② 合肥少女被毁容案宣判受害人周某获赔172万［EB/OL］.［2015-05-15］. https://www.guancha.cn/local/2015_05_15_319655.shtml.

因毫无意义的琐碎理由而产生不理智行为。①因此,情绪不稳定、自控能力差,是未成年人激情犯罪的主要原因。尽管随着年龄的增长,未成年人的情感会更为成熟,但他们的情感世界相较于成年人依旧是十分脆弱的,极易受到外界刺激而迅速变化。稚嫩的理智无法压制住躁动的激情,这使得他们无法正确评估自己行为的意义和后果,"激情"便不可避免地导致未成年人在行为上做出不计代价的"盲动"。②

另外,大多数激情犯罪的未成年人在平时学习生活中表现欠佳,他们通常学习成绩较差,长期受到老师、家长的批评与指责,并且不把主流社会规范放在眼中,养成了蛮横任性、逞强显能、遇事冲动等不良性格特点。

在此,要给予未成年人的忠告便是切莫因冲动而意气用事,遇事要先冷静而后多思考后果。作为父母,应当教导孩子学会情绪管理,稳定的情绪有利于提升孩子的学习效率并形成健康人格;家长应以身作则引导孩子明辨是非曲直,建立良好的行为习惯,远离恶习。此外,学校应当重视对学生逆反心理的疏导,增设相关课程,定期分析和研究中小学生的思想动态,发现风险及时采取措施。

---

① 郭俊彬.未成年人激情犯罪与社会技能缺失[C].北京心理卫生协会学校心理卫生委员会,北京市教育学会心理学研究会,2013.

② 张蔚.犯罪心理分析:邪恶的二十个模样[M].北京:中国法制出版社,2021:177-180.

◎挫折—攻击理论

17岁的少女阿红在某歌厅内跳舞，阿洁认为阿红在背地里讲她的坏话，于是便把阿红叫到楼下责问。在经过简短的几句争辩之后，阿洁以抓头发、脚踢和用砖头砸头部等手段对阿红施以暴力。次日，头部受伤缝合5针的阿红到公安机关报案。公安机关以殴打他人致轻微伤害的违法行为对当时未满18周岁的阿洁给予罚款150元的治安处罚。对此，阿洁一直怀恨在心。两个月后，阿洁伙同张某、曹某、华某及华某男友王某等，将阿红约到江边，对其实施殴打并推入江中，欲置阿红于死地而未遂。随后，因害怕阿红报警，5人便将阿红带到华某家中，先后轮流采用水淹、捂嘴、枕头蒙头、掐颈、塑料袋套头、腰带围巾勒颈等手段致阿红机械性窒息死亡。为毁尸灭迹，5人经商议后分别用杀猪刀、钢锯将阿红的尸体肢解并分装在三只编织袋内，抛于一处垃圾堆中。

不久后，警方接到报警、介入侦查，并迅速将5名犯罪嫌疑人抓获。法院经审理查明，本案由阿洁引起，且杀害阿红的犯意也是其提出，其余4人对杀害阿红的犯意提出过异议并对阿洁进行过劝解，但最后还是在"今天不是她死，就是我们死"的思想作用下互相配合，共同实施了杀害阿红的犯罪行为。[①]

[①] 5名青少年杀人碎尸震惊社会［EB/OL］.［2006-02-21］. http://zqb.cyol.com/content/2006-02/21/content_1319303.htm.

第一章 心理学视角下未成年人犯罪问题的原因分析

受到挫折就要反击吗？显然，上述案例中的阿洁确实是这么做的。由起初的争执、小打小闹到记恨在心将阿红杀害，整个过程其实就是阿洁在经历挫折后做出的反击与报复。在这起性质恶劣的杀人碎尸案中，5名犯罪凶手都是"花季少年"，4女1男中年龄最小的不到16周岁，而挑起事端的阿洁也才刚刚年满18周岁。不得不说，一起命案，毁了6个孩子，也撕裂了6个家庭。

有人认为，攻击与侵犯是挫折的必然结果，攻击行为的发生总是以挫折的存在为先决条件，这就是社会心理学中著名的挫折—攻击理论，最早在1939年由美国心理学家多拉德和米勒提出。[①] 所以，挫折必然导致攻击？挫折与攻击直接是一一对应的因果关系吗？

随着理论与实践的丰富，不少人站出来质疑"挫折必然导致攻击"的观点。对此，以社会心理学家伯克威茨为代表的人提出，挫折的存在并不一定会导致个体发生实际的攻击行为，只能使其处于一种攻击行为的唤起状态。攻击行为最终是否会发生，取决于个体所处的环境是否给他提供一定的攻击线索。也就是说，挫折与攻击实际上是多对一的关系，挫折只是导致攻击行为发生的因素之一。[②]

[①] 全国13所高等院校《社会心理学》编写组. 社会心理学 [M]. 4版. 天津：南开大学出版社，2008：247.

[②] 全国13所高等院校《社会心理学》编写组. 社会心理学 [M]. 4版. 天津：南开大学出版社，2008：248-249.

对于未成年人来说，由于知识面窄、视野有限、社会阅历不丰富，年轻气盛的他们无法对自己所遭受的挫折进行正确的判断与归因。以打群架为例，在遭遇挫折时，具有强烈自尊心的未成年人总是想通过"以眼还眼、以牙还牙"的方式扳回一局，他们认为自己已经是大人了，遇到挫折不反击就等于认输，而"输"与"赢"在他们眼里关乎着脸面与尊严。所以，无论是心理上的挫折还是身体上的挫折，未成年人常常采取反击的方式应对。

但值得注意的是，人类的行为实际上是对环境条件的反应。挫折不会直接导致攻击行为和暴力犯罪，而是使个体处于一种"战斗"唤醒状态。在生理心理学中，这种临界状态又被称作"应激"，此时个体会出现一系列的生理反应，包括肾上腺素分泌增加、血压上升、心率加快、血管扩张、瞳孔放大等，它们有助于我们及时应对危险或紧急状况做出"战斗或逃跑"的决策。

那么，在什么情况下，未成年人会做出"战斗"的犯罪决策呢？

犯罪决策属于个体犯罪着手前的心理活动，是犯罪人犯罪实施前最集中的思维活动，犯罪情境在未成年人犯罪决策过程中起到重要作用。

犯罪风险知觉是指未成年人评估情境的风险大小，包括评估情境不确定性程度的概率、不确定性的可控程度以及对这些评估的信心度，又称为风险认知。未成年人对风险的认知是主观的，甚至有时是直觉而非思维加工过的。高估风险，可以减少犯罪行为对未成年人的诱惑力，而低估风险或者自信有规避风险的能力，无疑会强化未成年人对犯罪的尝试。另外，未成年人自身的个人特征也会影响他们对风险的感知，从而决定其是否做出犯罪行为（见图1-3）。

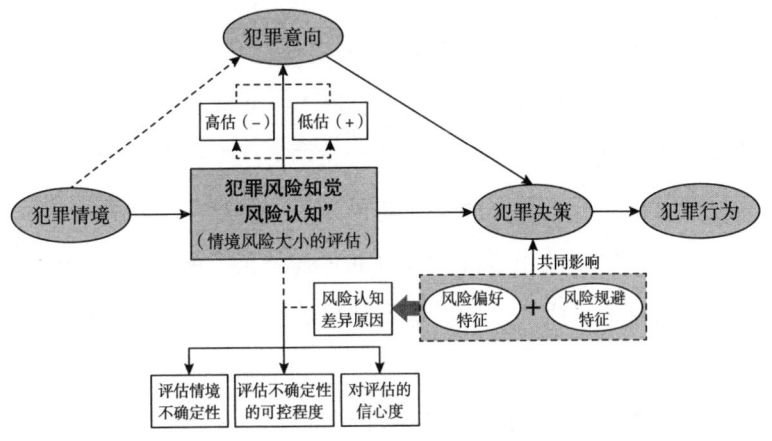

图1-3 犯罪情境、犯罪风险知觉与犯罪决策的关系[①]

总的来说，在犯罪行为机制中，情境是未成年人决定、计划与实施犯罪的重要影响因素。[②]犯罪情境在很大程度上决定了犯罪行为的终止或继续，强有力的外部社会控制会消磨未成年人的潜在犯罪意图。

[①] 王剑，李鹏.浅议犯罪情境的构成［J］.湖南公安高等专科学校学报，2011，23（2）：3.

[②] 王剑，李鹏.浅议犯罪情境的构成［J］.湖南公安高等专科学校学报，2011，23（2）：3.

◎失衡的人格结构

自我，是个体对自己存在状态的认知，其中包括对自己的生理状态、心理状态、人际关系及社会角色的认知。那么，一个人对自我的认识是如何发展形成的呢？关于自我的知识又是从何而来的呢？

实际上，一个人自我概念的发展是持续终身的，从孩童开始，直至生命终结，我们都能认识到自己是一个独立的个体。关于自我的知识大部分来源于社会化。[1]一个孩子在成长过程中，他的父母、老师和朋友都会用"特定的方式"引导他学习和遵守社会习俗。社会化过程是个体早期经验的核心，它最终将成为自我概念的重要组成部分。例如，一个孩子如果从小经常跟父母去看画展、听音乐会，那么他可能会将自己视为一个有艺术气息的人。

弗洛伊德提出的人格结构理论认为，一个人的人格由本我、自我和超我三部分组成。**本我**（Id），是一个人动物性的一面，由个体与生俱来的本能冲动所构成，包括生的本能和死的本能，主要遵循着"快乐原则"活动。其中死的本能包括"自我毁灭"、破坏性与攻击性等冲动，个体的犯罪行为主要受其操控。该部分属于潜意识范围，是非理性的，不受道德、法律与社会风俗习惯的规制。**自我**（Ego），是理性的，是现实化、

---

[1] 泰勒等.社会心理学（第十版）[M].谢晓非等译.北京：北京大学出版社，2004：102-103.

社会化的本我，主要遵循着"现实原则"活动，在客观环境允许的范围内最大限度地满足本我的需求。**超我**（Superego），则是道德化的自我，是人类独有的、人格最高级且最文明的部分，是个体在社会化过程中形成的道德观念、法律意识的综合反映，主要遵循着"道德原则"活动，凭着良心约束自己的行为。

弗洛伊德指出，自我负责调和本我与超我，使之达到平衡；只有当本我、自我与超我三者实现均衡、协调发展时，个体才能形成健全的人格。当这种动态平衡关系遭到严重破坏时，个体便容易做出犯罪行为。这种失衡状态主要包括本我强大与超我缺失两类，处于上风的一方将控制个体的心理活动能量，让个体按照优势部分遵循的原则活动。

因此，对于那些本我强大和超我缺失的未成年人而言，他们本我的力量相对较强，而超我的力量无法压抑他们来自本我的强大冲动。这种类型的未成年罪犯主要显示出法律意识淡薄、道德水平较低，他们可能随心所欲地放纵自己的恶欲、宣泄自己的冲动，从而做出极端暴力行为。例如，一个处于青春期的男孩出于该时期萌发的强烈性冲动强奸同龄女孩。而对于那些超我强大的未成年人来说，他们会认为性冲动与性幻想是邪恶的、可耻的，自身性欲的满足不能建立在违法犯罪和他人痛苦之上，因而他们会极力压抑自己的本能冲动使自身行为符合法律要求；这种压抑一旦超出他们的承受范围，就会出现强力反弹，致使过失杀人、激情杀人甚至是变态杀人的事件发生。

简言之，本我、自我、超我三者失衡容易使未成年人出现反社会、边缘型、回避型等各种人格缺陷与障碍。因此，在未成年人的社会化过程中，父母应当积极引导孩子本我、自我、超我和睦相处、平衡发展，帮助他们构建健全人格，进而使他们学会自我接纳与情绪调节。

小　结

未成年人为什么会犯罪？本章我们结合心理学、社会学、教育学和法学等多学科，从教养方式、依恋关系等家庭因素，到未成年人好奇心作祟、青春期叛逆等个体因素，再到亚文化影响、朋辈作用、媒体暴力等社会因素，详细阐述了未成年人犯罪的原因。

通过第1节到第6节的介绍，我们明白了家庭、家教、家风在未成年人成长道路上的重要性；在教养内容上，能力培养和品格塑造需要兼顾，不可偏废；在教养模式上，父母管束和关心关爱应该合理适度，注意过犹不及。我们深知未成年人在价值观念、认知、动机等方面极易受到亚文化、从众心理与旁观者效应的影响。我们领会了在面对孩子无处安放的叛逆时，应当学会倾听、允许试错，教育孩子正确认识权威与规范、恰当处理个人与群体的关系、在发展的过程中保持自我同一性、在符合社会规范的同时保持个性与独立。我们知晓了孩子是天生的模仿者，犯罪可以在不知不觉间习得，父母的以身作则与言传身教尤为重要。我们懂得了在这个世界上，没有人是孤立存在的，我们可以通过建立社会支持系统来分享快乐、分担痛苦，在走投无路时，我们还可以向学校、基层医疗机构等的心理咨询服务平台求助。我们领悟了攻击是生物本能，从进化心理学角度了解到人人都可能做出伤害行为，但我们不仅仅是生物。

第二章 未成年人犯罪的类型划分

未成年人是祖国的未来和希望，他们作为人口结构中十分重要的组成部分，为国家的持续发展提供潜在动力。如何教育和培养未成年人，始终是国家、社会、学校密切关注的共同问题。根据《2020—2021年中国犯罪形势分析与预测》以及《未成年人检察工作白皮书（2020）》，我国未成年人犯罪数量有所下降。然而，涉及未成年人的性侵案件、重大恶性案件也时有发生，犯罪年龄日趋降低，表现出明显的低龄化倾向。因此，未成年人犯罪的检察和预防工作依然任重道远，需要有关部门和社会各界齐心协力。

　　近年来我国的未成年人犯罪呈现多样化态势，主要集中于暴力犯罪、性犯罪、盗窃犯罪、毒品犯罪、聚众斗殴等类型，每种犯罪在具有各自特点的同时也表现出了一些共性。为了更加有效地预防未成年人不同类型的犯罪，需要了解各种犯罪类型的核心特点和形成原因。本章将从个体犯罪和群体犯罪两个方面入手，和您一起探讨不同类型的未成年人犯罪有何独特的体现。

第二章 未成年人犯罪的类型划分

1. 以个体为单位的未成年人犯罪

在我国的未成年人犯罪案件中，个人犯罪和团伙犯罪的比例与其他人群大不相同，有超过 60% 的未成年人犯罪属于团伙犯罪。未成年人可能会出于壮胆、寻求陪伴与认同的心理需要而结伙进行犯罪，因此犯罪总体上呈现团体化的特点。然而近年来，未成年人的个人犯罪屡见不鲜，甚至出现了许多极端的个人暴力案件。这些实施个人犯罪的未成年人如同一个个独行的逆反者，不需要他人的支持和陪伴，也不会事先与朋友或亲人谈及犯罪的意图。很多犯罪的发生具有盲目性和偶然性，犯罪者的手段更是充斥着残酷与血腥。一个个稚气未脱、本该纯净天真的青少年，在无知和欲望的促使下开出了罪恶之花，不禁令人痛惜。

近年来，未成年人独立犯罪的案件频发，这让教育学者和犯罪学家产生了如下疑惑：何种因素导致这些涉世未深的孩子做出残暴的罪行？是什么给予他们勇气和决心敢于在没有同伴的情况下独自完成整个犯罪过程？这些独行的孩子相较于普通青少年或是实施团伙犯罪的青少年而言，又具有哪些独特的心理特征和外在表现呢？目前，我国未成年人独自实施的犯罪行为主要集中于暴力犯罪、涉毒犯罪、性犯罪等方面，本节将在综合阐述独自犯罪原因和特点的基础上，分别对几种主要的未成年人独立犯罪类型进行介绍，帮助您从源头上厘清未成年人不同犯罪的心理原因。

"心中无规则，规则就不能约束我。"青少年群体是未成年人犯罪的高发群体，他们处在生理和心理高速发展但尚未成熟的阶段，没有形成稳定的价值观念和规则意识，也无法准确地辨别是非对错。学者刘乃嘉在研究中指出，青少年的法律意识淡薄、法律知识匮乏，同时缺乏科学思辨能力和规则意识，对不良行为的抑制能力较弱。[1]我国著名的犯罪心理学家罗大华总结了犯罪的未成年人法治观念欠缺的两个方面。[2]

首先，缺乏法律知识，更无法治观念，属于"法盲"。从比例来看，因"法盲"导致犯罪的未成年人比成年人多。很多情况下，未成年人并不认为自己的行为是犯罪行为，他们的认知能力也不足以明辨是非。所谓"不知者无畏"，如果无法预见到行为的违法性及后果的严峻性，未成年人很可能在好奇心和模仿欲的驱使下做出犯罪行为。甚至在犯罪后，很多未成年人压根不知道自己的行为已经违法了。

2013年4月6日，一对夫妻带着8岁和5岁的两个儿子

---

[1] 刘乃嘉.未成年人犯罪现下情况以及预防方案阐述[J].法制博览，2021（11）：179-180.

[2] 罗大华，马皑.犯罪心理学[M].2版.北京：中国人民大学出版社，2016.

第二章 未成年人犯罪的类型划分

到地里干活儿。其间,兄弟俩因口渴便回家喝水。当小兄弟俩走到村口时,遇到同村9岁的小伙伴顺顺(化名)。顺顺模仿动画片"烤羊肉"的情节,把小兄弟俩绑在树上,并点燃了地面上的杂草。因当日风大,火瞬间就烧到了两个孩子的身上。路过的村民及时扑救,将小兄弟俩及时送到医院。5岁的弟弟伤得更重,烧伤面积达到全身的80%;哥哥全身40%烧伤。①

其次,并未将守法作为内心的需要,头脑中并未形成规则意识,法律对于他们来说只是远离自己生活的字面条文。这些未成年人不能用法治观念去约束和调节自己的行为。心中没有规则,规则自然也不能束缚他们。同样,这些未成年人也表现出了"不知者无畏"的特点,他们难以控制自己的情绪和欲望,一旦有了犯罪欲求,就变得难以抑制。以下案例中的少年仅仅是为了好玩就去偷盗多辆吊车上的蓄电池,被抓后依然表现出无所谓的样子,可见其法律意识淡漠,规则意识极其浅薄。

2011年3月27日,一少年盗窃吊车上的蓄电池,被巡逻民警抓住。其作案车辆上放着已经偷来的蓄电池,总价值在5000

---

① 喜羊羊"整改"喊冤 男童模仿"烤全羊"烧伤两同伴[EB/OL].[2013-10-15]. http://culture.people.com.cn/n/2013/1015/c22219-23202854.html.

·067·

元至 8000 元。事后有记者采访该少年，具体对话如下：

记者：你在读书还是在工作？

谭某：去年初中毕业后，就从老家跑出来，现在在一家机械厂工作。

记者：有工作为什么还出来偷蓄电池？

谭某：就好玩呗，边工作边偷。

记者：偷了多少次？卖完能拿到多少钱？

谭某：钱我倒是无所谓，我就是觉得好玩才出来偷的，能玩就好。①

极端个人主义的"三观"是未成年人走上独自犯罪道路的内驱力。由于计划生育政策的影响和教育培养的压力，目前的青少年许多是独生子女。他们中的一些人自幼生活在父母和祖父母的过度关注与呵护之中，有的甚至形成了极端个人主义的人生观和世界观。这些未成年人永远将自己置于第一位，纵欲享乐，只关注自己的情绪和感受。当事与愿违时，他们往往表现出难以接受的愤怒和不满，即便是做出过激的行为，将快乐建立在他人的痛苦之上，也毫无愧疚感。具有极端个人主义的青少年沉溺于自己的个人世界中，他们懒得去关怀他人和构建友谊，就算是结交朋友，也只想让他人顺

---

① 泉州一少年盗窃蓄电池不知犯法竟称"好玩"［EB/OL］.［2011-03-29］. https://qz.fjsen.com/2011-03/29/content_5263974.htm. 此为新浪网从"泉州网－东南早报"转载。

第二章 未成年人犯罪的类型划分

从自己，以精致的利己主义为核心交友，不断向朋友索取。当他人冒犯到这类未成年人时，他们习惯的霸道模式会发挥作用，沿袭固有的极端利己模式，通过伤害他人来使自己的欲望得到满足。通常，极端个人主义的未成年人在犯罪时是独来独往的，在过度自我中心的观念下只想顺从欲望，因此恣意发泄，表现出很差的意志力和自制力。

15岁少年小钱因与同班同学小刘发生矛盾，在放学回家的路上去工地捡了一把工人遗忘的钉锤，追上小刘与其发生争吵。小刘无心恋战，但怒气难平的小钱失去了理智，用钉锤重重向小刘的头部实施多次打击，并拿起签字笔扎向小刘的脖子，最终小刘被其残忍杀害。①

总体而言，法律意识淡薄、辨别能力有限、过度以自我为中心是未成年人选择独自犯罪的重要原因。未成年人独自犯罪的三大类型包括：暴力犯罪、涉毒犯罪、性犯罪，接下来笔者将分别对这三种独自犯罪类型进行细致剖析，和您一起了解其各自的独特之处以及未成年人在实施犯罪时不同的心路历程。

---

① 大案要案纪实13：铁锤砸，笔尖刺，年仅15岁为何那么凶残？［EB/OL］.［2022-02-15］. https://www.163.com/dy/article/GR38L6F90548M8VQ.html.

·069·

◎暴力犯罪：用"拳头"解决一切问题

为什么未成年人会走向暴力犯罪之路的问题，始终是社会学家和心理学家关注的热点。未成年人暴力犯罪的原因往往很复杂，通常是多重因素共同作用的结果。例如，家庭教育不当，生命教育、法制教育欠缺，暴力文化侵蚀，社会干预不足，以及青少年自身心理问题，等等。[1]

学界多数观点认为，家庭教养方式是诱发未成年人暴力犯罪的重要风险因素。学校和学习困扰也日益成为未成年人暴力犯罪的成因。从脑科学的角度来看，暴力通常与大脑的生理性变化有关，往往伴随着神经方面的问题。从心理学的角度来看，有些未成年人的心理弹性过低，在遭遇负性生活事件时，会产生指向内部或外部的过激行为。再者，未成年人的认知过程是先从模仿开始的，模仿他人是一种典型的行为方式。[2] 前文提到过，犯罪也可以在不知不觉间习得，观察学习是暴力文化传播和习得的重要方式。未成年人具有盲目从众、自控能力差、性格冲动等特点，尤其是处于青春期的未成年人，更易产生想要摆脱控制、慕强慕霸的心理。用"拳头"说话被一些未成年人认为是炫酷的，在这种歪曲价值观念的主导下，他们将暴力看作证明自己实力的重要手段，不仅不会把暴力评判为负面的做法，还会给其冠上"厉害""强大""酷"的帽子，对暴力怀有

---

[1] 本刊编辑部．未成年人暴力，是"无解题"吗［J］．教育家，2019（5）：1.
[2] 丰营营，张任琴．预防未成年人暴力犯罪——以管制刀具管理为切入点［J］．法制与社会，2020（30）：168-169．

崇拜和向往。此外，随着新媒体的发展，信息传播速度快得惊人，未成年人可以轻易接触到各种给予他们感官刺激的暴力网络信息，在无意识中被灌输了以暴力解决问题的思想。学者黄春建指出，当前大量电脑游戏和手机游戏中充斥着与管制刀具、枪支弹药有关的暴力血腥内容。[①] 同时，影视视频和游戏中的暴力情节传播了暴力犯罪技巧，间接给未成年人实施暴力犯罪提供了参考。久而久之，未成年人在这种暴力文化的侵蚀下，耳濡目染形成了用暴力解决一切矛盾的处事方式。当这些孩子在生活中受到他人的质疑或与他人发生龃龉时，他们首先想到的解决问题方式就是使用暴力，并且对暴力造成的恶劣后果不会过多地考虑。

未成年人实施暴力犯罪所造成的危害往往是双向的，不仅侵害了受害者的健康权、人格权或生命权，还会让施暴者脱离正常的生活轨迹，堕入负面的心理状态。一般来说，未成年人暴力犯罪的受害者大多数也是未成年人，这可能是由于未成年人生理和体力的限制，其难以用暴力制服和伤害成年人。被施暴的未成年人除了身体上遭受了严重的伤害，其心理上的创伤往往更加难以治愈。被施暴所带来的侮辱感会影响其心理健康，严重者还可能患上"创伤后应激障碍"。这是一种心理反应，指个体在遭遇或对抗重大压力后，因心理失调而产生的严重心理

[①] 黄春建.青少年暴力犯罪与暴力文化的相关性分析[J].法制与社会，2012（17）：295-296.

反应。[1]患者可能出现噩梦、闪回、恐惧泛化、情感麻木、高度警觉、痛苦烦躁等不良的心理症状，影响正常的工作与生活。被施暴的未成年人在遭遇暴力后，会表现出自卑、厌学、焦虑、自闭、抑郁等心理问题，不仅对学习造成阻碍，还会影响他们的人际关系。近年来的心理学研究发现，一些遭受了暴力伤害的未成年人在未来的社交中出现了懦弱、胆怯和逃避的问题，他们始终无法释怀过去的伤疤，常处于精神敏感状态，缺乏信心和勇气，容易陷入受挫情境，更有甚者走向了自杀自残的道路。[2]然而这还不是全部的恶劣后果，根据越轨社会学中的社会控制理论，个体和社会的关联越薄弱，越容易产生越轨行为。[3]因此，一些未成年人暴力犯罪的受害者往往会在受害后也出现暴力行为，实现由受害者向施暴者的转化，这是非常令人痛心的负向变化。再者，实施暴力犯罪的未成年人自身也在施暴之中受到了恶劣影响。一方面，实行暴力行为本身就会严重影响施暴者的心理健康，其情绪会产生巨大的波动，精神会变得比平时更加亢奋。在施暴后，这些孩子往往选择隐瞒自己的恶行，不会告知家长或老师，但这意味着他们将要独自承受心理上的高压，长时间处在焦虑、恐慌、紧张的情绪状态下。另一方面，

---

[1] 中国大百科全书［EB/OL］.第三版网络版.［2022-02-25］.https://www.zgbk.com/ecph/words?SiteID=1&ID=25679&Type=bkzyb&SubID=42517.

[2] 焦子豪.学生暴力犯罪原因与预防机制探讨［D］.曲阜：曲阜师范大学，2019.

[3] 李旭，豆小红.社会失范、教养偏差与青少年犯罪关系探讨［J］，中国青年研究，2014（6）：96-101.

案件发生后面对父母、老师的指责，学校的处分以及公安机关的刑事追责，施暴的孩子可能因无法承受这种巨大压力而选择走上极端道路，让悲剧扩大化。以下案例是发生在湖南衡阳的一桩惨剧，未成年人暴力犯罪是两败俱伤的结果，对施暴者自身也存在非常消极的影响。

2019年10月28日，一名16岁的少年向21岁的姐姐要钱去上网，遭到拒绝后一怒之下连捅姐姐多刀，致姐姐死亡。事发时，父母以及爷爷奶奶都在家，但因房间隔音效果很好没有察觉异样。该16岁少年杀害姐姐后又用老虎钳将防盗窗剪开跳楼自杀。①

罗大华教授在其著作《犯罪心理学》中指出，任何认识主体都要以一定的背景为基础才能成为现实的主体。社会生活环境是认识主体的外部背景，已经形成的心理模式则构成认识主体的内部背景或心理背景。通俗来讲，未成年人在实施暴力犯罪之前也有过思想的斗争，他们做出犯罪的决策必定经过了一定的思考，具有独特的心路历程。当下的很多学者倾向于去分析导致未成年人犯罪的各种因素，如世界观、意识动机、家庭环境等方面的影响，这些研究固然是非常有价值的，但对于大

① 湖南衡阳16岁少年杀21岁姐姐后跳楼自尽，警方介入调查［EB/OL］.［2019-10-29］. https://m.thepaper.cn/baijiahao_4803922.

众来说，这些学术性的研究有些抽象和远离生活，人们依旧无法真正了解未成年人犯罪时的所思所想。在决定犯罪的前一刻他们在想什么呢？是什么在不知不觉中影响着未成年人的认识判断、情感需求以及自我控制呢？此时，心理学家们需要将研究的焦点转向更深层次的心理背景，只有去挖掘犯罪的未成年人内部的心理背景，才能真正了解如何在生活中预防未成年人犯罪。接下来，笔者将与您一起从多个方面讨论未成年人暴力犯罪的心理背景。

逆反心理基本上是所有处于青春期的未成年人都存在过的心理，此时的未成年人正处于一种半幼稚、半成熟的状态。由于自我意识的发展，他们渴望从"襁褓"中摆脱出来独立支配自我的想法非常强烈，出现强烈的成人感，发展心理学称之为"心理断乳"。他们要求与家长、老师处于平等的地位，不希望成年人再把自己当小孩子看待；要求自己独立地思考问题、处理问题，不愿意家长、老师过多地干涉和管束。"心理断乳"之后，大人的"喋喋不休"总让他们感到厌烦，从"顶撞"到离家出走都一再表现了未成年人的逆反心理，也显示了他们内在的"成人感"和"独立性"。然而，事实上此时的未成年人对家长、老师还存在很大的依赖性，不能完全依靠自己的力量去解决一系列复杂问题，还希望得到成年人的理解、帮助和支持，他们常常陷入这种独立性和依赖性的矛盾状态之中。如果家长、老师的教育引导得当，就完全能够帮助青少年健康成长。相反，如果教育引导不当，强化了青少年的逆反心理，甚至使情绪激化，他们很有可能不顾后果地做出一些不理智的行为。甚至一些犯罪的青少年还会在施暴时感受到自己实现了"独立"和"反抗",有一种心理上的"断乳快感"。

好奇心理是每一个孩子都应当具有的宝贵心理特点,可以帮助孩子在幼时对世间万物产生兴趣,主动去探索和挖掘世界的美妙。美国著名经济学家泰勒·科文指出,好奇是推动人类发展的首要动力,也是人类进步的重要源泉。青春期的未成年人作为未成年人中暴力犯罪相对高发的群体,其生理和心理都处于高速发展和变化的时期。外部的环境因素和内部的心理因素驱使着他们对自己和世界产生了强烈的好奇,很多时候仅仅出于好玩、有趣、想弄清楚的心理就误入歧途。西方一直有着"好奇心害死猫""不要打开潘多拉魔盒""亚当和夏娃本不应偷吃禁果"等说法,好奇心理与犯罪心理的差别只在一念之间。因过分好奇而尝试了本不该做出的违法行为,是未成年犯罪者的共性心理特征。

李某因为生活无聊出门闲逛时看到许多警察开着警车、穿着警服,感觉特别威风,他很好奇他们是如何工作的。于是,在好奇心的驱使下,李某通过不正当途径搞到假警服、警车及武装带,于 2012 年 4 月的一天假借警察名义执勤,以检查身份证为名骗取孙某现金若干和银行卡一张,抢走其摩托车,最终被警察发现,逮捕入狱。[①]

[①] 刘美兰.青少年暴力犯罪心理成因与防治[D].沈阳:辽宁大学,2016.

适当的好奇心可以帮助孩子去探索与学习,此案例中的李某本身具有的初心并不恶劣,他发自内心对人民警察怀有崇拜之感,认为警察这个职业是威风凛凛的,同时也对警察的工作十分感兴趣。如果家长在发现他的好奇心理后能够给予恰当的引导,他在好奇心的驱使下不仅不会走上犯罪的道路,还有可能在未来成为一名光荣的警察。这个案例是令人痛心的,还有许多像李某一样怀着热情与好奇的未成年人,因为没有得到老师或家长正确的引领,自己又不足以做出理智的判断,在不经意间误入歧途。如何合理引导孩子理性看待自己的欲望和诉求并以社会接受的建设性方式表达,始终是教育者们应当关注和思考的重要问题。

寻求刺激的心理是每一个年龄段的个体都存在的基本诉求。心理学上有一个名词叫作"感觉寻求",是指人们所具有的一种寻求变化、奇异和复杂的感觉或体验的人格特质,具有生物学基础。[1]每个人都需要接受外界刺激并对其做出反应,感觉输入是我们必不可少的基本需求。想象一下,如果你进入了一个没有光亮、没有声音、没有其他人和你交流的房间,你在这个房间里几乎感觉不到其他东西的存在,你能感觉到的只有你自己,那么你可以在这个房间里待上多久呢?这是心理学上著名的"感觉剥夺"实验,该实验的结果表明,在这样的环境下,人们最初会感到比较舒适和放松,而后会觉得烦躁和无

---

[1] 王争艳,杨波. 人格心理学 [M]. 北京:高等教育出版社,2011.

聊，最后会感到焦虑、恐惧，甚至出现幻觉。[①] 这个实验充分说明了外界刺激对于维持我们正常的生理和心理健康具有重要的作用。根据最佳唤醒理论，外界刺激可以通过脑干的网状结构维持大脑皮层的兴奋，以保证正常的唤醒水平。不同人具有不同的基本唤醒水平，这也是为什么有的人喜欢刺激而有的人喜欢安静。个体差异让人们具有不同的刺激偏好，有的未成年人在接触了暴力、血腥的腐朽文化后，对刺激的阈限得到了提升，平淡的日常生活和学习完全无法满足其对刺激的渴望，使得他们希冀通过其他渠道寻求刺激，暴力无疑是最具冲击力的刺激。

某少年从网络上结识了18岁的女性网友N，聊了几次后相约见面。该少年平日里浏览过色情视频及色情小说，见到身材苗条的女网友后，产生了寻求刺激的欲望，趁醉将女网友强奸，并在事后将其活活掐死，抛尸河中。[②]

易受暗示的心理也是未成年人实施暴力犯罪的重要风险因素之一。未成年人相比于成年人来说更具有易受暗示性。暗示是在无对抗的条件下，用含蓄、间接的方法，对他人的心理和

[①] 祖克曼 M.感觉寻求的行为表现和生物社会基础［M］.纽约：剑桥大学出版社，1994.

[②] 韩俊杰.我们身边被网络夺走的年轻生命［N/OL］.中国青年报，2009. http://zqb.cyol.com/content/2009-10/19/content_2892131.htm.

行为产生影响,从而使人自然而然地接受一定意见、观点或按一定方式去行动的过程。暗示只要求受暗示者接受现成的信息,并以无批判地接受为基础。暗示对人的心理和行为的影响是很大的,尤其是正在成长发育的未成年人,更容易受暗示的影响。因为他们思维敏捷,接受能力强,但自我意识不完善,缺乏思维的独立性和批判性,总体心理水平较低。一些社会心理学家在研究中发现,暴力是具有传播性的,而容易接受暗示的群体之一就是未成年人群体。并且,很多暴力文化是难以规避的,未成年人总会或多或少地接触到,如大众媒介在描述真实案件时会过多地介绍犯罪行为,过于详细地披露犯罪行为的细节。从社会引导的角度看,即使是从正面对某一事物提出一种立场、观点,也会有意无意地产生暗示作用。因为评价本身即提示了事物的存在。在这种情况下,当有关的立场、观点不能充分引导对象时,反而会起到消极的暗示作用,使对象把注意力集中到这一事物上,甚至可能受到消极的影响,产生适得其反的效果。

虚荣心理是影响未成年人犯罪的重要心理背景之一。随着我国经济社会的飞速发展,人民的物质水平日渐提高,富裕的同时一些不良的社会攀比风气也开始弥散,导致许多青少年都没有形成正确的价值观念,而形成了好逸恶劳和虚荣攀比的不良心理。一些未成年人形成了拜金的价值观,追求金钱的心理并不会直接导致暴力犯罪,但是当这些青少年无法通过正常途径获得金钱时,在虚荣心理的驱使下就会不择手段、铤而走险,通过抢劫、盗窃等方式来满足欲望。

15岁的余某自9岁辍学后便混迹在各个黑网吧，因想借用赵某的电脑被拒绝而一怒之下对其进行抢劫，抢得赃物后又拿出随身携带的跳刀捅向赵某，致赵某身亡。①

嫉妒心理是指看到别人在某方面取得成功或超越自己，产生的一种既羡慕又不甘心，严重时会迁怒别人的狭隘又卑劣的心理。每一个人都或多或少产生过嫉妒心理，轻微的嫉妒是具有良性作用的，可以激励未成年人更加努力地学习和生活，促使他们不断进步。然而，当嫉妒心越过合理的界线，强烈而难以自抑的嫉妒心往往会让人丧失理智，走火入魔。轻微的嫉妒心有时经过主客观的调节就可以自然化解，而强烈的嫉妒心不仅难以平息，还会进一步滋生和外化出不道德行为或违法犯罪行为。嫉妒心理和前文所述的虚荣心理往往有一定程度的联系，具有虚荣心理的未成年人更容易出现强烈的嫉妒心理，有的是嫉妒他人在学业上的进展，有的是嫉妒他人在经济上的富足，还有一些未成年人嫉妒他人有较好的异性缘，等等。学者们进一步对未成年人产生强烈嫉妒心理并进而导致暴力犯罪的原因进行了探究，可以总结为以下几点。②

---

① 15岁少年借用他人电脑登QQ遭拒持刀将对方捅死［EB/OL］.［2010-11-22］. https://www.chinanews.com/fz/2010/11-22/2672358.shtml.

② 马皑，章恩友. 犯罪心理学［M］. 北京：中国人民大学出版社，2015.

首先，有的未成年人生活在独生子女家庭，父母的过分呵护与溺爱造成了他们唯我独尊的思想，缺乏起码的宽容心和随和性。在家中一向可以获得最好资源的孩子到了学校后发现他人比自己更受到老师和其他同学的喜欢，内心平衡被打破，随即产生了强烈的嫉妒心理。

其次，"平均主义"思想对未成年人也产生了很大影响，这是目前他们在面对多方面的竞争时产生嫉妒心理的深层根源。

最后，未成年人尤其是青春期的个体，人生阅历浅，自我控制力较差。同时，他们有着和自身不相匹配的好胜心，这也是诱发强烈嫉妒心理的重要原因。这种强烈的嫉妒心会在对方和自己共同点较多时达到巅峰，因为如果双方的条件相差过大，个体不会将对方作为比较的对象。往往是那些和自己相似水平的同学超越自己时，最难以让未成年人接受，难免会进一步迸发强烈的嫉妒。

14岁的学生秦某藏在同班同学马某家的楼道内，待同学马某出现后，立即挥刀捅向马某的心脏，又在其胸前和后背连捅数十刀，马某当场死亡。事后警方调查得知，秦某在班级中长期屈居第二名，而马某一直是稍微领先于秦某，秦某在嫉妒心的驱使下决定残忍地杀死马某。[1]

---

[1] 14岁男孩残忍捅死同学：杀了你，我就是第一名！［EB/OL］.［2018-06-21］. https://www.sohu.com/a/237096664_623785.

我国著名思想家梁启超先生曾在其名作《少年中国说》中写道:"今日之责任,不在他人,而全在我少年。"未成年人群体是祖国的希望,即便是在已经得到高度重视的情况下,未成年人的暴力犯罪问题也始终没有得到完全解决。家庭教养方式、脑生理基础、模仿与观察学习等因素共同影响着青少年的暴力犯罪行为。青少年暴力犯罪所产生的恶劣后果更是具有双向性,既严重影响了受害者的身心健康,对施暴者本身也存在不小的伤害。在实施暴力犯罪之前,未成年人通常会在逆反心理、虚荣心理、好奇心理、易受暗示心理、寻求刺激心理以及嫉妒心理等的驱使下,扭曲价值观念,难以控制行为。未成年人犯罪问题涉及层面甚广,不但起因、本质和特征复杂,评估、构建与运作有效的应对策略更是相当棘手,牵一发而动全身。所以我们在看待未成年人暴力犯罪的问题上,应当追本溯源、多管齐下、标本兼治,以达到综合治理的效果。在强化未成年人个体的身心健康发展、保护其远离暴力的同时,更要建立未成年人暴力犯罪与偏差的预防、控制和矫正全方位的防火墙,制止未成年人的暴力行为。让未成年人的生活远离暴力,是一项长期而艰巨的任务,更需要社会各界共同的关注和努力。总体而言,我们在关怀和保护未成年人的工作方面还有很长的路要走。

◎涉毒犯罪:社会角落的隐痛

毒品成瘾问题是全世界面临的共同难题,也是我国难以肃清的社会问题之一。禁毒是一项长期、复杂、艰巨的工作,其涉及的人群年龄跨度较大、分布范围广泛，治理起来存在重重困难。未成年人由于身心尚未成熟，容易受到不良文化的蛊惑，进而走上吸毒的道路。根据《国际禁毒蓝皮书（2023）》，我国未成年人吸毒比例正在逐年下降，由1.8%下降至0.3%。[①]虽然这个数字并不大，但未成年人吸食毒品的危害是非常巨大的，必须引起全社会的广泛重视。成长中的未成年人在毒品的侵蚀下，会产生生理方面的恶性变化，健康受到严重侵害。同时，吸毒也将导致越轨等犯罪行为的产生。近年来，未成年人因毒品成瘾受到伤害的案例不胜枚举，这类令人痛心的案件每年都有发生，未成年人毒品成瘾问题一直是社会的隐痛，不禁让人们疑惑，一个个年幼的孩子为何会踏入毒品的禁界？是什么导致了未成年人毒品成瘾的悲惨事实？尽管全社会都在大力宣传禁毒，社会、校园、家庭都对毒品说"不"，可许多吸毒的未成年人依然置若罔闻。他们最初是如何接触到毒品，又是出于什么样的心理而吸食毒品的？接下来，笔者将在本节中与您一起，走入吸毒的未成年人的心理世界，共同探究和剖析其背后隐藏的心理学特点与原因。

目前，未成年人吸毒已经是一个客观存在的社会现象，我国的未成年人吸毒行为呈现出以下几个特征。

第一，吸毒的未成年人潜在数量大。虽然从全国的统计数

[①] 张勇安，朱虹.国际禁毒研究报告（2023）[M]社会科学文献出版社，2023，11.

据来看，未成年人吸毒的比例并不高，但由于对未满14周岁的未成年人吸毒并不追究法律责任，因而许多吸毒的未成年人并未被纳入统计之中。

第二，吸毒人员的低龄化趋势明显，尤其是首次吸食毒品人员的平均年龄逐年下降。近些年信息科技发展起来后，未成年人接触和获取相关信息更加便捷，越来越多的未成年人在年龄很小时就接触了毒品并且成瘾。新型毒品的研发更是让一些好奇心重、易感性高的未成年人接受了诱惑，早早就成了"瘾君子"。

第三，未成年人毒品成瘾的类型集中于新型毒品。相较于鸦片、海洛因等传统毒品，以冰毒、K粉、摇头丸等为代表的新型毒品大多是由人工通过化学合成而制作的，其直接作用于人的中枢神经系统，对人产生兴奋、抑制或者致幻的作用，被大量运用于歌舞娱乐场所等地方。[①]一些未成年人对新型毒品的认识较为匮乏，错误地认为其没有什么危害，仅仅只是用于提神助兴，还能帮助缓解压力。正是这种错误的认知让他们放松了警惕，大量地使用了新型毒品。

第四，因吸食毒品而引发的其他违法行为频发。未成年人本来就处于生理和心理尚未成熟的阶段，毒品会作用于他们的神经系统，导致其认知功能受损，自我控制能力受限。这是一种很可怕的影响，通常会导致未成年人行为上的失常。例如，

[①] 胡江.未成年人吸毒的心理分析及防治对策[J].云南警官学院学报，2015（3）：92-99.

未成年人在吸食毒品后进入极度亢奋的精神状态,难以控制自己的思想和行为,在这种不清醒、不理智的状态下实施杀人、伤害、强奸等犯罪行为。

2012年8月1日,17岁少年李某犯下了杀死8人、刺伤5人的特大案件。李某在娱乐场所工作,有吸毒史,案发时应是刚刚吸完毒不久。警方在抓捕李某后还从其身上搜出了"盐酸曲马多"药物,并从他的血液中检查出了毒品成分。①

未成年人吸毒且成瘾的社会危害是多方面的。

首先,毒品成瘾会促使未成年人越轨和犯罪。未成年人吸毒成瘾已经是一件非常令人痛惜的事情,如果他们受到毒品的影响,进一步犯罪伤人,那将造成两个或更多个家庭的不幸。在由吸毒引发的未成年人犯罪中,盗窃、诈骗和抢劫所占的比例最大。为了支撑昂贵的毒品费用,许多未成年人被迫采取违法方式来获取钱财。

2016年,景洪市人民法院对一起未成年人盗窃案作出一审判决,判处被告人岩某某有期徒刑8个月,并处罚金8000元。2015年4月25日,景洪市公安局嘎洒派出所民警对被告人岩某

---

① 抚顺17岁"杀人魔"向来老实连夺八命动机待解[EB/OL].[2012-08-07]. https://news.sohu.com/20120807/n350042396.shtml.

某进行尿检，结果为阳性，岩某某系吸毒人员。

随后，被告人岩某某交代，其于2015年1月6日进入嘎洒镇被害人玉某家二楼，把一根黄金项链盗走。经景洪市价格认证中心鉴定，被盗窃的金项链价值人民币15077元。①

除此之外，近年来未成年女孩吸毒的比例有所上升，她们为了筹集毒资，不惜出卖自己的身体，参与贩毒、卖淫等犯罪活动，甚至参与器官买卖的黑色交易。

其次，吸毒会严重伤害未成年人的身体健康，甚至是留下终身的伤害。我国学者韩丹在南京市展开了有关未成年人吸毒的实证调查，发现在117名未成年吸毒者中，吸食新型毒品的占绝大多数。新型毒品会对人的中枢神经系统造成不可逆的损伤，更会伤害吸毒者的各种组织器官。②过量地吸食新型毒品会让吸食的未成年人出现极度亢奋、抵抗力下降等症状，严重者可能导致猝死。

最后，未成年人作为每一个家庭的希望，承载了几代人的关注。当父母得知自己的孩子吸毒时，整个家庭的美好和幸福都将幻灭。孩子将始终受到毒品的摆布，严重者会让父母经历白发人送黑发人的凄惨结局。未成年人本该在校园中健康成长，却因为吸毒而被迫进入戒毒所，原有的稳定生活模式被改变，

---

① 未成年人吸毒犯罪　监护人监管不力所害［EB/OL］.［2016-07-14］https://www.jhsfy.gov.cn/500.news.detail.dhtml?news_id=1534.

② 韩丹.未成年人吸毒成因与对策研究：基于南京市的实证调查［J］.唯实，2011（2）：91-94.

而且即便是强制戒毒也不一定能够保证未成年人在未来不复吸。曾经吸毒的未成年人在未来的学习和工作中很难摆脱"吸毒"这个标签，求学和求职都会受到一定程度的影响，污名化效应有可能导致这些未成年人自暴自弃，再次堕入毒品的旋涡。对于父母而言，子女染上毒品甚至比自己染上毒品更令他们崩溃，本该幸福美好的家庭就此失去了原有的欢乐。

未成年人的吸毒原因始终是犯罪学、教育学和心理学者共同关注的热点话题。一直以来，全社会对于毒品的危害和难以戒除性做了大量的宣传，即便是未成年人，也或多或少地知道毒品是不好的。为什么这些年幼的孩子会选择主动吸毒呢？是什么因素导致了他们明知是毒品依然选择摄入？在第一次体验吸毒时他们经历了怎样的心路历程呢？行为受到心理的支配，心理通过行为体现出来。这是心理学中非常经典的道理。为了采取有效手段切实预防未成年人做出吸毒行为，需要从思想根源上下手。因此，分析他们吸毒时的心理过程显得尤为重要。我们通过把握未成年人吸毒时的心理特点，来探究未成年人吸毒的主客观原因，为防治未成年人吸毒提供心理学的思路。

从社会学的角度来看，亚文化理论可以很好地解释未成年人最初吸毒的动机。人类社会的典型特点是具有传承的文化思想，未成年人在成长过程中耳濡目染社会文化与价值观念。根据文化的作用可以将其划分为主流文化和亚文化，主流文化通常是被社会大众广泛接受的思想与模式，而亚文化是除主流文化外的那些仅被一小部分人接受和认同的思维方式。一般来说，最早接触毒品时，未成年人都是被他人引领着进入该领域的。这些人有着自己的行为准则和生活模式，未成年人被他们洗脑，接受了不良的吸毒亚文化，形成了有偏差的价值取向，从而爽快坦然地接受了吸毒。

与此同时，比这些外部因素更加容易促使未成年人吸毒的是内部的心理过程。这些孩子在选择吸食毒品之前，经历了哪些心路历程呢？许多吸毒的未成年人明知道是毒品依然去吸食，这背后暗含的是他们内心中存在的诉求与渴望。绝大多数吸毒的未成年人都已经步入了青春期，在这个生理和心理迅速发展的阶段，他们会出现"心理断乳"的需求，渴望摆脱父母控制，也会在与父母、老师相处的过程中产生矛盾。为了解除这些心理上的不快，未成年人迫切地想要找到一个发泄端口，许多孩子选择了建设性的健康解决方式，如通过参加竞技性的体育运动来消耗身体内部多余的能量，减轻发育和学习带来的压力。然而还有一些孩子，他们无法自主地去调节不良情绪，也找不到健康的方式来宣泄愤懑。内心需求得不到满足的孩子不再愿意循规蹈矩，而是想要打破规则，寻求刺激。以下是来自一个吸毒少年的采访语录。

我的父亲经常因为一些鸡毛蒜皮的小事跟我吵。譬如他喊我吃饭，我不想吃，他就一直唠叨我、骂我。我气得摔门出去，他就喊，让我死在外边，我真的不想再回这个家了，每次跟他吵完，我都想去吸。

这个少年在青春期时产生了想要独立、摆脱父母约束的心理，所以与父母产生了冲突。然而，父亲选择了这种简单粗暴的解决方式，无疑让矛盾进一步激化，该少年也想要用自己的方式去表达不满。青春期的孩子会比之前更加渴望得到认同，自尊心也比较强，父亲的谩骂无疑会使他受伤。此时的毒品于他而言，是处在痛苦中时给予他快乐和舒爽的"良药"，是对父亲不尊重自己、谩骂自己的无声抗议，也是改善心情、维持自尊的快捷办法。一念之差，就可能让他沉溺在毒品的怀抱中。

寻求刺激是许多未成年人犯罪时的共性心理。这一点对于毒品成瘾的未成年人来说尤为重要。毒品可以直接作用于人的中枢神经系统，让吸食者感受到强烈的生理刺激。很多懵懂无知的未成年人在吸过毒之后，感受到了身体上的极致快乐，认为毒品是根治百病的灵丹妙药。当回归到平静的日常生活时，他们会感到刺激不足，开始怀念毒品带来的快感。许多未成年人在遭遇挫折和困顿时，一念之差就选择了吸毒，吸毒的时刻让他们忘却了烦恼，享受着快感。对于处在谷底的人来说，毒品成了他们短暂的救赎。然而当从毒品的强烈刺激中走出来后，现实的困难并没有消失，受挫的未成年人依然要面对挫折。自控力不足的未成年人又试图通过吸毒来解脱，被迫陷入周而复始的恶性循环中。而且，毒品在这个过程中给予他们的不仅是心理上的释怀，还有生理上的极致快乐，双重的满足让他们陷入毒品之中无法自拔，难以回归到原来的正常生活。原有的生活被认为是无聊的、枯燥的、平淡的，这会让他们在平时更加渴望毒品，从而堕入深渊之中。

认知偏差是许多越轨行为的个体因素，毒品成瘾也不例外。未成年人作为价值观尚未完全形成、人格尚未发育完全的个体，其在决策时表现出幼稚、非理性、情绪化的特点。同时，由于社会经验的匮乏，许多未成年人对毒品的危害性认识不足，甚至认为毒品有促进健康、减肥、壮阳等功效，吸食毒品后的快感和舒爽让他们强化了错误的认知。

万某初中辍学后就外出打工，务工时认识了来自湖北的庄某，万某对这个大自己十多岁且对其多有照顾的"姐姐"很是依恋，并跟随"姐姐"外出务工，一同租房居住。2017年7月31日晚上，庄某从自己的卧室内拿出吸毒工具和甲基苯丙胺结晶体（冰毒），来到万某的卧室，以吸食毒品可以减肥为由让万某试试，随后万某采取烫吸的方式吸食了毒品。①

还有的未成年人法律意识淡漠，他们不认为吸毒是一件非常恶劣的事情，反而认为它能够让自己显得有个性、有思想，已经成功摆脱家长的控制，成了一个"大人"。吸毒的青少年往往认为自己是与众不同、敢想敢为的，甚至希望通过吸毒来获

---

① 【以案释法】女子引诱未成年人吸毒减肥被判刑［EB/OL］.［2020-11-19］. https://www.sohu.com/a/433014330_120207611.

得他人对自己勇气的认可。还有的未成年人存在逆反心理，老师和家长越强调某物是不能触碰的，他们就越想接触此物。很多年轻的"瘾君子"在接受采访时表示，他们很好奇真正吸毒会有什么后果，是否真的如传言一般难以戒掉。在无知、好奇、逆反的共同作用下，这些迷失的青少年陷入了吸毒的"沼泽"之中，越陷越深，无法自拔。

意志薄弱的未成年人抵御诱惑的能力并不强，他们一般无法如成年人一样去理性地权衡利弊，对自己行为的控制和支配力也有待加强。大多数未成年人在吸毒之前就深刻知晓吸毒是不良行为，但他们的意志不够坚定，往往会在带领者的怂恿、劝说和引诱下把持不住，选择吸毒。一个连他人怂恿都无法抗拒的孩子，又如何能够在未来毒瘾发作时抵抗生理上的折磨而不吸毒呢？一失足成千古恨，未成年人吸毒后难以戒除，无法抗拒心瘾和身瘾的双重折磨。

社交失败和性格冷僻也是未成年人走上吸毒之路的风险因素。学者胡江在研究中发现，未成年吸毒者在性格上呈现出诸多共同的特征：自闭、冷漠、叛逆、以自我为中心、不愿意与人交流等。具有以上这些特点的未成年人往往自尊心过强，缺乏与人交流的技能，生活中的社交不顺让他们倍感挫败。同时，在学习、生活等方面的很多需要都难以得到满足。长此以往，内心积蓄的渴望与消极的现实之间形成了难以解决的矛盾，毒品成了这些孩子的救赎，也是他们少有的获取快乐的方式。当在生活中遭遇困难时，他们不想着去解决问题，而是选择逃避，把自己封闭在一个狭小的空间中与毒品为伴。此时，正常的社会交往不再被这些孩子需要，唯一能够带来快乐的是毒品。毒品的慰藉功效无疑在此种影响下被扩大，形成了一个恶性循环。

目前，未成年人吸毒的态势依旧严峻，为了保护未成年人不受毒品的侵蚀，必须结合他们吸毒时的心理特征加以防治。可以通过加强禁毒教育、创新禁毒宣传、加强心理危机干预、落实娱乐场所监管等手段帮助未成年人消除认知偏差、寻求慰藉等吸毒动机，保护祖国的花朵不受毒品的荼毒。

◎ **性犯罪：堕入欲望的深渊**

近年来，随着手机、网络的高速发展，信息的开放程度逐渐提高，越来越多的未成年人受到了性文化的侵染，出现早熟、早恋等现象。尤其是青春期的少男少女，本身就处于第二性征发育的特殊阶段，在生理因素和外部性文化的共同作用下，他们渴望了解和尝试性行为，当缺乏合理引导与教育时很容易误入歧途。青少年的性犯罪一直呈现高发态势。根据最高人民检察院发布的《未成年人检察工作白皮书（2020）》，2020年，未成年人犯罪数量有所下降，但涉及未成年人的性侵害案件依然频发，重大恶性案件时有发生，未成年人性安全的保护形势不容乐观。[1]2017年，未满14周岁的少女李某通过QQ聊天认识

---

[1] 最高人民检察院.未成年人检察工作白皮书（2020）[R/OL].[2021-06-01]. https://www.spp.gov.cn/spp/xwfbh/wsfbt/202106/t20210601_519930.shtml#2.

了未满 18 周岁的王某，后王某以接送其上学的名义将李某带至某小区 33 楼平台将其强奸；2019 年，15 周岁的高一女生萧某在遭受性侵后选择自杀；2020 年，一名 12 周岁男生将一名 13 周岁女生骗至男厕所侵害。这一桩桩惨剧发生在处于豆蔻年华的青春少女身上，而侵害她们的施暴者，也不过是稚气未脱的少年。一场性犯罪带来的是两个家庭的噩梦，毁掉了两个孩子的一生。和谐的人性，应当是以良好的性道德作为支撑，以性生理、心理、行为、意志等方面的和谐为基础的。未成年人的性越轨和性犯罪严重危害了施暴者和被侵害者双方的心理健康，应当引起全社会的广泛重视。

接下来，笔者将和您一起深入了解未成年人性犯罪现状，把握未成年人性犯罪的核心特点，剖析其形成的心理机制。只有知其本貌，才能了解如何去预防和化解。

具体而言，我国的未成年人性犯罪具有以下几个鲜明的特点。

首先，**性犯罪呈现低龄化趋势**。强奸犯罪均是受到性冲动的驱使，往往具有明显的生理特征。实施性犯罪的未成年人基本上已达到性成熟，可以完成整个性侵过程。随着物质经济的快速发展，现如今的未成年人在成长时有条件摄入充足的营养，生理成熟年龄相较于 20 世纪 90 年代明显提前。同时，信息科技的进步也给未成年人提供了更多接触色情文化和性信息的机会，他们在心理上更加早熟，过早地接受了性暗示，性意识较早得到了启发。生理和心理共同的作用使得未成年人的性成熟年龄提前，早熟、早恋现象高发。这同样也使得性犯罪的年龄进一步降低，总体呈现低龄化趋势。

其次，**性犯罪的形式多种多样**。大多数性犯罪往往杂糅着暴力、胁迫等元素。未成年人在性机能发育成熟后，体内的性冲动会不定期地涌现，性欲求让他们对异性充满向往。简单的"谈情说爱"无法满足未成年人心中压抑的性欲望，进而产生了性侵犯的幻想。同时，不良的色情文化给懵懂无知的孩子们开启了大门，向他们展现了暴力色情文化的具体行为模式。未成年人不仅想要与异性发生性行为，还产生了控制和施虐的欲望。许多性犯罪表现为多种形式，如强奸妇女和幼女、强迫卖淫、恶意性骚扰、侮辱调戏等。

最后，**未成年人性犯罪的手段也日趋恶劣**。除前文中所述的暴力、胁迫等手段外，一些走火入魔的未成年人还会采取诱骗、药物麻醉等方式迫使受害者与自己发生性关系。这些施暴者通常是自私偏激、缺乏同情心和自制力的，严重者将发生强奸杀人、轮奸、卖淫劫财等恶性的性犯罪案件。

未成年人性犯罪受到多种因素的共同影响，同毒品成瘾相似，性犯罪的成因也可以分为内部和外部两种。外部因素通常是客观的，不以未成年人的主观意志为转移，包括家庭教育、生活方式、学校启蒙、色情文化等内容。内部因素主要指未成年人自身的心理特点，包括青春期的身心变化、错误认知、人格缺陷等。这些因素交织在一起，共同影响着未成年人性犯罪的心理动机。

任何一种犯罪行为的产生都或多或少与犯罪者的原生家庭

有关，未成年人的性犯罪也不例外。不良的**家庭环境**是滋生扭曲道德和"三观"的温床。不健全的家庭使未成年人或缺少母爱或缺少父爱，无法从与父母的相处中学会如何健康地和异性相处。在长期的耳濡目染下，一些未成年人的心理发展可能变得畸形，他们缺乏责任意识，持有偏激的爱情观，严重者还会产生怨恨女性或男性的心理倾向。在许多未成年人强奸案件中，女受害者与施暴者之间存在情感纠葛，施暴者本身就没有从家庭中习得良好的恋爱模式，一旦自己在恋爱中遭遇挫折，便会下意识地重复父母不幸的婚姻相处状态，容易在矛盾激化时做出犯罪行为。同时，前文中多有提及的家庭教养方式对青少年性犯罪有着至关重要的影响。溺爱型的教养方式会导致未成年人形成自私任性、飞扬跋扈的人格特征，为了满足欲望不顾法律和道德，这无疑是未来造成性犯罪的内驱力。专制型的教养方式相对粗暴，容易使未成年人形成粗暴冷酷的性格。如果父母经常难以控制情绪并打骂孩子，用暴力解决问题，则孩子未来也将出现情绪易激惹、难控制的特点，可能在情绪化状态下实施性犯罪。据不完全统计，性犯罪的未成年人在家庭中常常遭受专制的暴力教养方式，超过46%的未成年性犯罪者经常遭到家长的打骂。[①]并且，父母对于"性"持有何种态度会直接影响他们如何对孩子进行早期的性教育启蒙。我国的许多家庭在

---

① 罗增让.青少年性罪错及其心理教育对策[J].山东省青年管理干部学院学报，2001（01）：19-20.

性教育方面存在明显不足，许多父母面对孩子的提问，有的编个谎话搪塞过去，有的顾左右而言他。根据有关部门统计，从家庭中得到性指导的男孩仅占 4.6%，女孩占 27.4%。家庭性教育的匮乏让孩子在青春期无法正确看待身心的重大变化，父母的搪塞反而使孩子对"性"更加好奇，难以抵制社会上和网络中的不良色情信息，产生了性犯罪的欲望。

学校是孩子成长的重要场所，校园性教育如果缺失，期待孩子回家后由家长单独讲授性知识是基本不可能实现的事。目前我国的性教育多局限于生物教科书之中，学校教师可能碍于面子不愿意向学生细致讲解。学校对教科书外的性教育也是闭口不谈，即便有些学校率先作出改革，但网络和社会上的各种负面言论接踵而来，最终使推行校园性教育的教育理念夭折。未成年人获取的性知识过少会让他们将"性"知觉视为神秘而奇妙的，在青春期激素水平变化的情况下，许多未成年人通过登录色情网站、与恋爱对象私下尝试、手淫等方式自主探索何为"性"。

色情文化对未成年人的性犯罪影响很大。在色情文化的侵蚀下，未成年人解除了性欲需求在伦理上的束缚，原有的性认知在不断改变。然而，许多色情文化误导了未成年人的性观念，使其认知向着扭曲的方向发展。色情片中的刺激性画面会诱导未成年人实施性犯罪，尤其是处于叛逆期的男生，他们对性充满好奇，在接触色情文化后迫不及待地想要实践。色情文化中包含的暴力元素也容易引起未成年人的效仿。

| 未成年人保护
| 与预防未成年人犯罪法治教育手册

　　2013年7月25日，15岁少年刘某尾随一名女子至四周无人路段，心生邪念强行将女子拖入一正在建造的空楼内欲实施性侵。事后检察官在调查时得知，刘某正处于青春期，喜欢躲在家中观看色情片，产生了想要体验性爱的需求，遂跟踪女子实施犯罪。①

　　未成年人除了会受到家庭、学校和社会的影响，自身的诸多因素也会影响他们实施性犯罪的意图。从生理层面来看，近年来由于物质水平的不断提升，我国青少年发育状况良好，性成熟年龄普遍提前。有关资料表明，我国少女的月经初潮平均年龄为13.38岁，少年初次遗精的平均年龄为14.43岁。性生理发育成熟和性心理发育迟缓之间出现了冲突，心理成熟的相对滞后导致许多青少年对性的自我保护意识很差。而他们自身的模仿力强、自控力弱，往往给他们带来青春期的烦恼，容易促成性越轨行为。

　　自我控制力弱是未成年人难以把持性欲望而实施性犯罪的重要原因之一。处于青春期的未成年人受教育的程度并不高，其道德观和责任感仍有待加强，因此他们如果依从欲望行事，其行为充斥着暴力和野蛮并不奇怪。同时，未成年人的身心都处在尚未成熟的阶段，难以用充分的理性控制自己的行为。很

---

　　① 15岁少年长期看黄片跟踪少女欲性侵［EB/OL］.［2014-04-04］. http://news.cntv.cn/2014/04/04/ARTI1396570921750462.shtml.

多实施性犯罪的孩子在事后表示，当时的自己被欲望驱使，没有想很多，也没有主动地去控制。

情感的易变性和偏执性是诱发激情性犯罪的风险因素。处于青春期的少男少女在激素的作用下，情绪波动较大。面对积极的事情表现得兴奋异常，而面对消极的事情则表现得悲观绝望。同时，未成年人由于身心发育尚不完善而具有情感的偏执性和易变性，往往对自己的认识不够深刻，也不懂得如何去排解负面情绪，看待问题时也具有"一叶蔽目""以偏概全"的特点。当负面情绪积压到一定程度时，他们会通过暴力、性越轨等方式来发泄自我，寻求释放。

侥幸心理也是一些未成年人敢于去实施性犯罪的原因之一。很多未成年人明知道自己犯罪后会受到法律的制裁，但他们因为自己的年龄不足18周岁或14周岁，幻想着可以逃脱法律的惩罚。同时，这些未成年人对实施性犯罪后获得的精神和身体上的满足有巨大的渴望。在心理学上，这种情况叫作"趋避冲突"，即实施某个行为既会招致恶劣的后果又会带来预期的满足，两难情况下的决策往往是艰难的。在我国，性犯罪的许多受害者由于传统思想的影响，在遭受侵害后不会选择去报案，害怕被他人知道。这种状况给了犯罪的未成年人更大的勇气，幻想着受害人可能不会说出去。这种侥幸心理无疑为他们实施性犯罪提供了心理上的缓冲。

总体而言，未成年人性犯罪受到多种因素的影响，需要全社会共同关注并加以治理。可以通过加强法治教育和性教育，帮助未成年人树立正确的守法观念，以平和看待青春期的发展变化。心理学的方法也可以应用于对未成年人性犯罪的矫治之中，精神分析疗法、认知疗法、人本主义疗法、行为矫正等都可以帮助未成年人缓解不良情绪，加强自我控制能力，减弱色情文化带来的负面作用。希望在社会、校园、家庭的共同努力下，我国的未成年人性犯罪率可以有所下降，还孩子们一个干净纯洁的精神世界。

2. 团伙化的未成年人犯罪

"杀！杀！砍死他！"一伙少年挥舞长刀短剑在互相追杀着，他们明火执仗大打出手，在混乱中一个少年倒下去了，在刀光剑影中一个无辜生命死在血泊中，如果不是目睹这腥风血雨的砍杀，人们还以为这是一场港台枪战片的拍摄现场。这是对海南首个青少年帮派"龙虎帮"的真实描述，一个个本该在校园中快乐成长的青少年聚集在一起，实施着野蛮残忍的屠杀。青少年的群体犯罪让人胆战心惊，也让人为青少年一代感到担忧……

近年来，未成年人犯罪中有超过 60% 的犯罪为群体犯罪，集中于团伙盗窃、抢劫、校园暴力以及街头暴力等案件。未成年人的群体犯罪可以定义为：三个及三个以上未满 18 周岁的未成年人自发地纠合在一起实施的危害社会、触犯法律、应当受

第二章 未成年人犯罪的类型划分

到处罚的共同犯罪。①

2021年1月25日，广东湛江5名少年因不满身旁经过的摩托车按喇叭，手持铁管骑着两辆摩托车，追赶该摩托车上的两名男子。最终造成两名男子一死一伤，涉案人均为未成年人。②

这类案件的发生不禁让人们对受害者和施暴未成年人感到痛心，孩子们正处在花一样的年纪，为何会残暴伤人、罔顾法纪呢？他们在犯罪时又为何成群结伙，而非独自行事呢？一般来说，未成年人作为身心尚未发育完善的个体，又一直在父母和老师的保护下成长，胆量通常是比较小的。只有少数的未成年人敢于独自违背规则或法律。但是，学习的压力、青春期的苦恼及恋爱的挫折等问题让他们感到郁闷，想要发泄。这些青少年聚在一起后，凭着"志同道合"的观念迅速打成一片，并且在互相怂恿中壮大胆量，萌生了群体犯罪的意图。"哥们儿义气"是大多数未成年人犯罪的精神纽带，恶俗传媒文化的影响让他们觉得结伙犯罪是一件行侠仗义、彰显实力的事情。格式塔心理学常说"整体大于部分之和"，未成年人犯罪群体也是如

---

① 胡畔.未成年人团伙犯罪嫌疑人的心理特征和讯问对策[J].法制博览，2015（5）：34.

② 广东5名少年持铁管开摩托追赶他人致1死1伤，警方：已控制4名嫌疑人[EB/OL].[2021-01-26].https://baijiahao.baidu.com/s?id=1689909061854907626&wfr=spider&for=pc.

此，他们的聚集不仅是每一个孩子勇气和思维的总和，也在群体影响中极化了思想、壮大了胆量、增强了认同。所以我们可以理解，为什么大多数未成年人拉帮结派，共同实施群体犯罪。目前，未成年人群体犯罪的趋势不减，已经逐渐成为学校、社会的毒瘤，严重威胁未成年人的健康成长和社会秩序的安定。因此有必要对未成年人群体犯罪这一类型进行细致分析，了解其主要特征和原因，为找到高效的预防策略提供心理学层面的思路。

未成年人犯罪群体的发展变化通常可经历以下三个主要阶段：纠合阶段、行动活跃阶段和消亡阶段。纠合阶段是未成年人犯罪群体形成的第一个阶段，此时的未成年人加入群体的动机大多是需要认同、寻求关怀。通常此阶段的未成年人会组织多种群体活动，在活动中加强群体内成员间的人际交往，以建立更深的情感。第二个阶段是行动活跃阶段，这也是未成年人实施群体犯罪的主要阶段。这个阶段与纠合阶段的差别在于，纠合阶段的未成年人虽参加活动，但还不具备犯罪的性质，仅是为了社会交往需要。随着交往的日益深入，原先的活动已经不能满足心理需要，群体内部形成了偏激的价值观念，未成年人萌生了摆脱家长和学校管理的念头。行动活跃阶段的未成年人会组织一些违法乱纪的团伙活动，其影响力足以引起家长、社会和警方的关注。第三个阶段是消亡阶段，随着未成年人的活动日益猖獗，警方会介入其中，展开打击和教育工作。未成年人犯罪群体的活动空间被压缩，实力也会因为一两个头目的被抓而直线下滑。被警方抓获并强行解散是未成年人犯罪群体消亡的最主要方式。但除此之外,被其他团伙吞并、内部分裂、心理成熟后自动解散也是此类群体消亡的方式。

◎ 从群体中汲取"力量"

心理学研究表明,未成年人之间的病态友谊与团伙犯罪心理有着内在联系。[①]拉帮结派是当下年轻人非常普遍的现象。普遍性的本质即合理性,所谓"存在即合理",未成年人结伙后犯罪的案例屡见不鲜,其背后隐藏的是未成年人共同的结群心理需要。政治心理学为未成年人小团体的形成提供了两种理论视角:功能视角和人际吸引视角。功能视角强调成员在组织中的利益满足,[②]如结成小群体可以获得群体的照拂,防止自己受欺负。人际吸引视角则关注未成年人在群体中的情感满足,如组织内的成员相互悦纳,彼此认同,有着共同的志向和观念,可以聊到一起去。研究表明,许多加入不良少年群体的孩子都曾经遭受歧视或有被边缘化的经历。在原来环境下得不到认同的他们感受到了来自不良小群体的温暖与关怀,获得了安全感、归属感和认同感,并且在与持有相似价值观念成员的互动中不断强化偏激的想法,形成从情感到思想均具有凝聚力的小圈子。群体动力学指出:群体中的个体会受到群体内其他成员的影响,做

---

① 马长生.病态友谊、自发团体与团伙犯罪[J].现代法学,1986(1):73-75.

② CRENSHAW M. 恐怖分子如何思考:心理学对理解恐怖主义的贡献[M]//霍华德L.恐怖主义:根源,影响,对策.伦敦:燎原出版社,1992,71-80.

出思想和行为上的改变。群体行为是自然界中的常见现象，如狼群、鸟群等，它们在觅食、迁徙、逃避天敌等方面都倾向于集群出动，因为群体能够实现单独个体无法达成的复杂活动，具有更大的优势。超过60%的未成年人犯罪以群体形式完成，这可能是因为当以群体为单位实施活动时，成功率比独自行动要高，同时群体成员的互补让群体的"智慧"和力量大于每个人单独行动的总和。具体而言，未成年人在结伙实施犯罪时可能存在以下几种心理特点。

归属与爱的需要对于青春期阶段的孩子来说尤为重要。他们对于亲密感的需要强烈，注重同伴关系，渴望在相处过程中获得情感支持。部分青少年由于在家里得不到或体会不到父母的关爱，在学校经常受到老师的批评和同学的歧视，无法与他人建立亲密关系，常陷于孤独之中。为避免孤独，补偿自卑，这部分青少年会寻找与自己有相似经历的群体。这些孩子非常需要从朋辈群体中获得关怀，对同伴的情感支持尤为渴望。如果他们加入的群体中存在劣迹斑斑且"三观"不正的人，他们将会很快受到其传染和影响。不良的思想一拍即合，使他们逐渐形成犯罪团伙。团伙中的成员相互学习和模仿，以老带小，以旧带新，迅速发展出了实施群体犯罪的意图。这类犯罪团伙一经形成，就会在团伙成员心理上产生一种群属意识，可以满足未成年人归属与爱的需要，并进一步加强他们与群体的心理联结。

自我价值的体现是每一个未成年人都需要的心理诉求。一些青少年很难在正常环境中体现自我价值，加入小群体无疑给他们提供了另一个展现自我、获取自尊的平台。在犯罪群体不健康氛围的影响下，群体成员强烈的自我显示欲往往畸形膨胀。一方面，显示欲会变得极为强烈，不在某个时间、地点显示自己的存在，心里就不平衡。另一方面，他们显示的内容多是丑恶、原始、野蛮的一面，而不是充满善意与良知的部分。所以，犯罪团伙中个人极端膨胀自我显示欲，常常会使他们做出一些破坏性极强的事情来。犯罪团伙成员中存在畸形自我炫耀心理，在犯罪手段、数量等方面相互攀比，引起犯罪心理恶性发展。

某省"龙虎帮"中有个少年陈某，他为自己起了一个群体内的绰号——"恶虎"。最初他惧怕与别人打架，但在虚荣心和帮派中其他哥们儿的怂恿下，他打架时表现得十分凶狠，受到了群体中其他人的称赞。这让陈某充分体会到了成就感，认为自己的价值在一次次斗殴中得到了体现。

去个性化是社会心理学中常提到的基本概念，指当个体的个性被群体的意志统领后，个体的认知水平、意识水平将被削弱，个体的异质性将被集体的同质性吸收。在群体情境中，个体有时会丧失对自己行为的责任感，不惧怕受到惩罚，自我控制能力降低，为摆脱正常社会规范的束缚，做出不被社会认可的极端行为。在未成年人犯罪团伙中，群体的匿名性使个体做出一些独自一人时不会做的事情。个体意识到在群体之外，认识自己的人可能不多，从而降低了自我控制，不考虑社会规范、道德及法律的影响，做出违规、违法行为。同时，在群体背景下，责任分散效应也会发挥作用。青少年可能认为参与犯罪行为的有很多人，每一个参与的人都可以不为此行为承担责任，自己受到惩罚的可能性减小。压力感的减小、内疚感的缺失，无疑导致行为变得更加疯狂。

受暗示性是人们对刺激发生与自己意志相反的顺从的反应。未成年人，尤其是青春期的孩子，心理处于从不成熟向成熟转变的关键时期，伴随着个体自我意识飞跃式的发展。在个性方面，易出现主观偏执性的特点，致使其认知存在偏差，看待问题停留于表面，思维方式单一。在情绪控制方面，他们的管理能力较差，行为的自我控制能力较弱。在未成年人犯罪群体中，许多青少年由于缺乏独立思考能力和社会知识经验，很容易受到群体其他成员思维及行为的影响，依从群体"老大"的命令，不多加思考就实施了犯罪。

小阳因寻衅滋事被司法机关行政拘留，小阳表示案发之前就知道打架属于违法行为，打架也会给对方、自己以及父母带来伤害。在朋友参与打架的过程中，小阳表示自己当时在旁边并没有参与违法行为，当他看到朋友一直喊他，并给他使眼色让他参与其中时，自己也没考虑后果。[①]

---

① 彭妍.青少年团伙犯罪中从犯犯罪的原因探究［D］.北京：首都师范大学，2014.

服从权威的心理也是影响未成年人群体犯罪的重要心理因素。服从是指个体在社会要求、群体规范或他人的命令要求下产生的相符行为。美国心理学家米尔格拉姆的权威服从实验表明，对权威的服从是绝大多数人的特征。当个体发现所归属的群体给自己带来好处时，个体听从群体中权威人物的要求的可能性增加。在未成年人小群体中，当个体的需求得到满足时，个体就更有可能听从群体中头目的命令；当个体认同、信任群体中的权威人物或群体时，个体服从权威的可能性也会增加。并且，在实施了违法犯罪后，个体可以把暴力行为归因于权威的命令，减轻因犯罪带来的心理负担。一方面，群体内其他人会觉得其忠于群体、尽职尽责；另一方面，认知失调的他们也可为自己的不良行为构建合理的解释。

从众，是指个体在真实或者想象的群体压力下，行为偏离自己的真实意愿而选择与他人相一致的现象。从众受到群体规模、群体成员一致性、对群体的承诺等因素的影响，即一个群体的人数越多，群体中意见一致的成员人数越多，个体对群体作出的承诺越多，则个体从众于群体的可能性越大。大部分青少年在看待事物、解决问题方面都有自己的主见。然而，在群体内，其通常会选择做出和群体其他成员一致的行为。原因主要有两个方面：一方面，由于个体缺乏自信，认为其他成员提供的信息是可靠的、有用的，其他成员的选择是正确的；另一方面，由于个体渴望社会认同，避免被嘲笑、被讽刺、被拒绝，希望被群体其他成员接纳和喜欢。[①]

◎校园暴力:"象牙塔"上空的阴云

最高人民法院网发布的《司法大数据专题报告之校园暴力》显示,小学、中学、大学各个阶段都存在着校园暴力的情况。[②]每年全国各级法院审结的校园暴力案件达千余起,除此之外,还有大量的校园暴力案件并未提起诉讼。校园暴力事件呈现多发、频发的特点,多数学校都或多或少地存在过校园暴力的影子。校园本是莘莘学子安心读书的"象牙塔",不该有暴力相随。校园暴力问题已经得到了全社会的广泛关注,无数学者对此展开了研究,接下来笔者将和您一起了解校园暴力的现状和原因,共同思考如何为孩子们营造一个健康良好的成长环境。

每一年,媒体都会曝光多起校园暴力事件,其中恶劣程度较高的事件还会得到公安部门的立案侦查。从具体的案件中我们可以对我国校园暴力事件的现状进行总结:校园暴力的高发场所是中学校园,涉案的未成年人多为青春期的孩子;校园暴力发生的地区范围广泛,存在于各个省区市,并非地域性问题;大多数校园暴力事件中的施暴方是由几个人构成的小群体,而受害者通常是一个人;施暴者实施的暴力行为主要是殴打,并伴随扇

[①] 杨舒涵,李晋尧.青少年团伙犯罪原因分析及预防对策:基于社会心理学视角[J].云南警官学院学报,2017(2):57-61.

[②] 司法大数据专题报告之校园暴力[EB/OL].[2018-09-19].https://www.court.gov.cn/fabu/xiangqing/119881.html.

耳光、逼迫下跪、扒衣服等带有侮辱性的侵犯行为。

目前，我国的校园暴力案件具有以下三个特点：首先，校园暴力案件频发、多发。基本上每一个校园都存在校园霸凌的现象，只是程度不同而已。几乎所有接受采访的大学生都表示，儿时目睹过或直接参与过校园暴力。其次，校园暴力案件呈现低龄化特点。当今校园暴力的施暴主体多为12至18岁的青少年，案件高发于中学校园。司法大数据显示，超过五成的校园暴力案件因琐事而起。青少年由于青春期的到来而存在生理和心理两个方面的改变，其体内激素水平的迅速变化和心理的不同一性可能导致行为的冲动与偏激。最后，校园暴力手段逐渐多样化。施暴者既可能对受害者进行身体伤害，如拳打脚踢、掌掴等，也可能对其进行心理伤害，如侮辱人格、恶意取笑、要求受害者下跪道歉等。在网络媒体、微博、抖音等新兴媒体广泛普及之后，许多施暴者将施暴过程拍摄并上传网络，使得受害者再次受到侮辱甚至是"社会性死亡"。若受害者的心理素质较差，曝光视频可能会使他们走上抑郁甚至自杀的道路。

2019年年底，某中学的一名初三学生在厕所被其他三名学生殴打，并录了视频。之后该被打的学生服毒自杀身亡，其父母将施暴的孩子告上法庭。[①]

---

① 初三学生厕所被打服毒自杀！家长承担50%责任，校方补偿17万［EB/OL］.［2020-08-05］. https://www.163.com/dy/article/FJ9GP9DO05502PRR.html.

一条鲜活的生命以这样的方式消逝，实在令人痛惜。对受害者来说，校园暴力通常不会只发生一次，频繁遭受校园暴力会让受害者感到无助和绝望。人们永远不知道哪一次施暴会成为"压倒骆驼的最后一根稻草"。

既然校园暴力对未成年人的身心健康有很大的影响，为何学校的老师不加以制止呢？很多时候，老师并不能知晓班级里校园暴力的情况，这便是校园暴力的重要特点——**隐蔽性**。关于学生之间的矛盾纠纷，许多校园暴力当事人并不愿意向家长或校方提及，多在隐蔽地点解决。"宿舍""走廊""厕所"成为六成校园暴力案件发生的场所。若学校和家庭对于学生的关注不够，而学生在受到侵害后也不及时说明，许多校园暴力案件将无法被知晓。同时，校园暴力并不是无端发生的，施暴者和受害者一般在最初时存在过节，发生过冲突。**报复性**是当今校园暴力案件的显著特点之一。结合司法大数据专题报告和2021年上半年发生的极端校园暴力事件可知：超过九成的校园暴力事件都源自双方间的个人恩怨，大多数校园暴力出于报复、发泄、惩罚等动机。

2021年1月26日，某中学门口，几名中学生围在一起，将受害者推倒在地。其中一人手持金属棍上前对其殴打，另一名中学生则用脚踹向倒地受害者的腹部，附近还有其他学生用手机拍照。围观者说："别打了，再打死人了！"某中学工作人员证实，除一名黑衣者外，其他打人者和受害者都是该校初三学生，双方此前存在矛盾。[1]

个人恩怨的存在驱使个体将暴力行为归因于受害人的错，在进行侵犯时表现出高强度、残忍性和随意性的特点。[2] 最后，绝大多数校园暴力案件都具有**群体性**的特点。校园暴力案件一般采用群体性攻击模式，施暴者为由几人组成的小群体，集体对一名受害人进行施暴。施暴群体内通常有一名或几名主导者，其他人则附和主导者对受害人进行攻击。主导者通常以自我为中心，对受害人缺乏必要的同情心，恶意欺压受害人，其他附和者出于从众、认同等原因不但不加以制止，反而协助施暴。"雪崩的时候没有一片雪花是无辜的"。旁观者的漠视不语也是校园暴力不断发生的重要原因。

探究校园暴力事件的成因是有效预防校园暴力行为的前提。任何行为都受到个体因素和环境因素的共同影响。**从个体角度来看**，青少年阶段的个体身心处于快速成长阶段，自我意识较强、思维发展不成熟、自控力较差，容易受到激惹而冲动。自控能力差、抗压能力低、情绪不稳定都是与暴力行为息息相关的因素。通过分析具体的校园暴力案件可以得知，施暴者一般

---

[1] 青岛一所中学门口，学生持棍殴打同学视频热传，警方已介入调查 [EB/OL].[2021-01-27]. https://news.qingdaonews.com/qingdao/2021-01/27/content_22553602.htm.

[2] 丹尼尔 J，胡塞 D，杰弗里斯 E. 青少年犯罪和暴力行为 [M]. 斯普林格电子期刊数据库，2007.

具有相对较高的社会认知能力,在群体中威信较高,但缺乏共情能力。受害者在面对暴力时存在退缩、回避的情况,他们大多无法在学校中有较好的表现,存在厌学、逃学的意图,这种软弱在一定程度上催生和助长了施暴者的侵犯行为。当然,受害者在受害过程中也存在反抗,但挑衅式的言语和激烈的肢体动作可能使得施暴者更加愤怒,适得其反。

从家庭层面来看,家庭教养方式、父母行为模式以及父母婚姻状况都是影响校园暴力行为的重要因素。首先,家庭教养方式会影响孩子的暴力行为。研究表明,如果父母采用严厉、暴力的教养方式去对待子女,子女更有可能在未来卷入校园暴力中。子女既可能像父母一样用暴力欺负他人,也可能因习惯于被施暴而对他人的侵犯逆来顺受。其次,父母自身的失范行为随时可能影响子女的行为方式,通过长期的模仿和观察学习,子女会成为父母的影子,逐渐将暴力内化为自己解决问题的主要模式。最后,父母离异是校园暴力的可能诱因之一,因为父母离异通常伴随紧张的家庭气氛,甚至是家庭暴力等,身处其中的子女可能把在家庭中积聚的负面情绪能量通过校园暴力的方式宣泄出来。

从学校层面来看,学校对校园暴力行为的影响主要体现在校园的管理模式和教师的角色定位上。以应试为目标取向的学校因过于关注升学率而往往忽略道德教育,道德教育的缺失可能使得学生道德观念淡漠、价值取向发生偏差,为校园暴力的产生提供了温床。教师、校长等在校园暴力事件中应当是积极的干预者，一个善于化解矛盾的干预者可有效避免因日常琐事或个人恩怨而引发的校园暴力事件。

从社会层面来看，暴力本身具有一定的感染性和扩散性，暴露在暴力文化下的人们通过长期的耳濡目染已经对暴力产生了认同感。现如今，许多电影、小说、媒体资讯、网络游戏中都有暴力的元素，这些暴力的元素与正义、力量、勇敢等优秀品质的结合使得暴力文化更容易被大众接受。一旦接受了暴力文化，使用暴力解决问题就成了校园中"强者"的象征。传媒的负面作用在校园暴力中不容忽视。一方面，大众媒体为迎合观众追求感官刺激的需要，在报道暴力新闻时往往以夸大、煽情的方式过度渲染。另一方面，过于细节性地描绘暴力的过程可能引起模仿，为未来的暴力行为带来动机与方法。例如，对社会不满的失意者到幼儿园和小学砍人泄愤的事件被报道后，短时间内引起了诸多泄愤者的效仿。

每一次校园暴力中，都涉及三种不同的角色：施暴者、受害者和旁观者。旁观者在校园暴力中发挥的作用远远超过人们的想象，甚至他们在事件发生时的行为选择才是决定事件最终走向的关键因素。前文中已经提及，校园暴力往往不是临时起意，而是较长时间地存在于学生之间并多次发生。校园暴力事件从萌芽到发生，从发生到持续，都受到周边环境因素的影响。旁观者如果在目睹校园暴力时给予利他行为帮助受害者，便可以在一定程度上遏制校园暴力进一步演化。学者段水莲等人在研究中发现，如果旁观者人数多并且在场起哄或拍视频等，施暴者的行为很有可能加剧。因为此时旁观者是怀着兴趣观看这个场景的，这种反应易成为决定性的不良暗示，即鼓励现场的暴力行为。如果当时旁观者中有与施暴者关系密切的朋友，那么在这次事件中其将会起到重要作用。当他的态度偏向于保护受害者时，校园暴力有很大可能被成功制止。当一群旁观者同时对施暴者进行劝阻时，暴力行为很有可能得到控制。因为此时校园暴力的施暴者面临较大的心理压力，也有了退场下台的台阶。[①] 可见，旁观者也是校园暴力中的重要决定因素，应当引起人们的重视。

学校可以构建制度预防体系，对校园暴力进行动态把控，还可以构建校园暴力心理档案体系，对施暴者和受害者进行专门的心理辅导，引导他们实现身心的健康发展。然而，学校层面的努力只是最为基本的，若想最大限度地减少校园暴力，仍需要政府、社会、家庭等各方携手合作，共同采取有效措施，才能为广大学子创造一个更加安全和健康的校园。

◎ "喋血街头"的乌合之众

街头暴力指在公共场所发生的暴力犯罪。这类暴力犯罪往往具有宣泄消极情绪、宣示特定主张等特点。我国学者黄海认为，实施街头暴力的青少年通常具有以下鲜明的特点：年龄大

---

① 段水莲，唐思敏.基于旁观者视角的初中生校园暴力防治研究：以湖南省怀化市某初中为例［J］.青少年学刊，2020（5）：43-49.

多在 15 岁至 20 岁，没有固定的职业和生活来源，长时间浪迹街头，数人或数十人聚集在一起，并以社区地域关系为连接点，结合成小团体和小帮派，部分可发展成为青少年犯罪。[①] 未成年人街头暴力案件的受害者通常是中学生，施暴者也大多是处于豆蔻年华的青少年。未成年人街头暴力案件严重威胁了校园学子的安全，这类案件频繁发生也给学校和社会敲响了警钟。目前，青少年在街头实施的暴力犯罪集中在打架斗殴、寻衅滋事、抢劫等类型。随着我国科技的发展，街头暴力犯罪情况、实施手段和危害程度都得到了进一步演化。具体而言，街头暴力犯罪呈现出以下几个鲜明的特点。

第一，街头暴力的实施者通常为男性且文化水平较低。在未成年人街头暴力中，大多数的涉案人员为 15 岁至 20 岁的男性，只有极少数的案件由女性引导并实施。这可能是由于生理因素的限制，女性的体格一般难以参与打架斗殴或街头抢劫。同时，参与街头暴力的青少年通常是辍学青少年，他们终日无所事事，加入不良的社会小群体并参与活动。初中辍学的青少年是参与街头暴力的主要人群，他们正处于生理发育日渐成熟而心理发育滞后的青春期，固执偏见、冲动易怒、讲义气等性格特点使其易施害也易受害。

第二，街头暴力通常会由未成年人和成年人共同参与。

---

① 黄海. 解密"街角青年"：一种越轨社会学和亚文化理论的研究［J］. 青年研究，2005（2）：43–48.

根据学者对街头"约架"行为的研究，一些未成年人由于学业成绩差而产生厌学、逃学现象，在外结交社会闲散人员，加之是非观念薄弱，很容易受到社会人员的影响共同实施违法犯罪行为。[1]同时，一个街头暴力群体中如果能有成年人的引导，其中的未成年人将获得心理上的支撑和行动上的指挥，这会增强未成年人对街头犯罪的信心，发挥一定的激励作用。

第三，街头暴力的主体通常是在校学生和无业人员。许多街头暴力是由在校学生伙同社会无业人员共同实施的，这与在校学生所处的环境密切相关。长时间待在校园之中，每一个学生接触的同学很多，在朝夕相处中难免会发生矛盾。处于青春期的未成年人通常有着较强的自尊心和好胜心，发生矛盾不愿意理性解决，只想尽情发泄自己的情绪。他们一般会号召校外的无业人员与自己一起实施对矛盾另一方的暴力犯罪。这些校外的无业人员很难受到家庭、学校和社会任意一方的管理，因为他们辍学后不再受到学校的教育，家庭往往不能够控制他们的行为，而没有工作的他们也不会受到来自工作单位的干涉。也就是说，这些个体处于家庭管不了、学校管不到、社会管不好的状态。[2]他们既经常参与街头的打架斗殴，也会偶尔实施图财型的抢劫犯罪。

---

[1] 李思.未成年人聚众斗殴案件分析：以基层检察院执法办案为视角［J］.湖北警官学院学报，2015（2）：131-133.

[2] 王牧.犯罪学论丛：第8卷［M］.北京：中国检察出版社，2010：135.

本该在校园中健康成长的未成年人为何会接触到不良的街头文化并选择实施街头暴力行为呢？政治心理学提出了功能视角的做事动机，指出未成年人群体可以在实施活动中获得利益满足。街头暴力中最典型的例子就是收取保护费，通常实施街头暴力的未成年人可以通过向懦弱的孩子暴力索要钱财来丰实自己的口袋，也有很多青少年出于报复等动机花钱聘请街头群体来帮助自己应付冲突。甚至在电子支付发展起来后，收取保护费也可以通过线上进行，形成了"偷而无金"的局面。

未成年人街头暴力是否也同其他的未成年人犯罪类型一样，受到主体因素和环境因素的双重影响呢？答案是肯定的。在此，笔者想更多地探讨环境因素的影响，即家庭、学校和街头环境的影响。前文中已经提及诸多影响未成年人参与群体犯罪的个人因素和心理特征，街头暴力与之相似，此处不再赘述。

在未成年人的成长过程中，家庭永远是他们的第一校园，**不良的家庭关系、家庭教育以及家庭环境**都是街头暴力发生的高风险因素。家庭结构的不良和父母监护的不足会让未成年人缺少关爱，与父母之间的关系紧张、沟通不足，逆反心理不断增强。他们往往没有习得矛盾冲突的良性解决方式，在遇到问题时，会下意识地选择用拳头说话。如果父母也有街头暴力犯罪史，或是酗酒嫖娼、盗窃贩毒等，他们不仅难以管教孩子，还有可能成为孩子效仿的对象，给孩子带来极其不良的影响。不良的家庭教养方式是许多犯罪行为产生的原因之一。有些不懂教育的父母，在发现孩子和街头人员混迹在一起时，气急败坏地打骂孩子，这可能会将孩子推向街头群体，加强他们想要加入街头组织获得关爱的动机。

学校控制的缺失与未成年人街头暴力之间存在一定的因果关系。有些学者认为，学校可能是比家庭更能影响未成年人参与街头暴力的因素。几乎每一个街头暴力群体中都至少存在一个辍学青少年。这些群体内部的孩子文化程度普遍较低，以初中文化为主，他们有的没有完成9年的义务教育就匆匆进入社会，无业的生活状态让他们既没有工作又不上学，这无疑给他们提供了参与街头暴力的可能性。

不良的社交圈子无疑是影响未成年人参与街头暴力的重要因素。对于青春期的未成年人来说，朋辈群体的影响是巨大的。如果存在超出社会法律规范和道德规范的不良社交，未成年人很容易在群体中受到蛊惑，在怂恿下参与街头暴力。社会控制理论指出，当未成年人的朋辈群体参与犯罪行为时，会促进未成年人的加入。很多未成年人甚至会为了"哥们儿义气""朋友情谊"而帮助街头暴力群体打架斗殴或实施其他违法行为，甚至造成极其严重的犯罪后果。

2016年10月5日凌晨，某商厦附近，两伙未成年人约架斗殴，其中一方持刀将另外一方3人捅伤，致1人当场死亡，1人送至医院经抢救无效死亡，剩余1人因伤势严重，转至另一医院重症监护室治疗。公安机关了解到，此次案件的缘由是双方发生口角争执，而此前，双方中一些人还互不相识。①

媒体暴力也是未成年人参与街头暴力的关键因素之一。自我控制理论可以很好地解释为何媒体暴力能够显著影响未成年人的街头暴力犯罪。该理论指出，罪犯之所以实施犯罪行为，主要是因为其对个人行为的控制力太弱，一旦他对暂时欢愉或即时满足的追求超过了对长期利益的追求，犯罪将随时产生。犯罪就是自我控制力弱小的表现。媒体暴力借助现代大众传媒迅捷的传播特点，对正处于生理、心理急剧变化时期的广大青少年施以剧烈的感官与内心触动。频繁接触媒体暴力会使未成年人丧失自我控制，弱化其对攻击性行为的抑制能力，并呈现出一定程度的暴力倾向。

小 结

一直以来，未成年人的街头暴力犯罪问题都是社会的重要议题。对于未成年人街头暴力的预防可以从家庭、学校和社会三个方面入手。在家庭方面应当强调家庭成员之间的良好互动，父母应该加强和孩子的沟通，并选择有利于其健康成长的教育方式。学校应当完善和深化管理，加强对校园内学生和校园周边环境的管理，尽量不让学生和社会无业人员混在一起。对于

---

① 十一期间，宁夏两伙未成年人持械街头斗殴，致两死一伤！［EB/OL］.［2016-10-09］. http://mt.sohu.com/20161009/n469822245.shtml.

社会而言，促进正面文化的宣传是很有必要的，尽量避免宣传暴力文化，以防止未成年人的效仿和内化。希望通过多方的努力，可以减少直至消除未成年人街头暴力发生的条件与机会，还广大学子一个安全健康的校园周边环境。

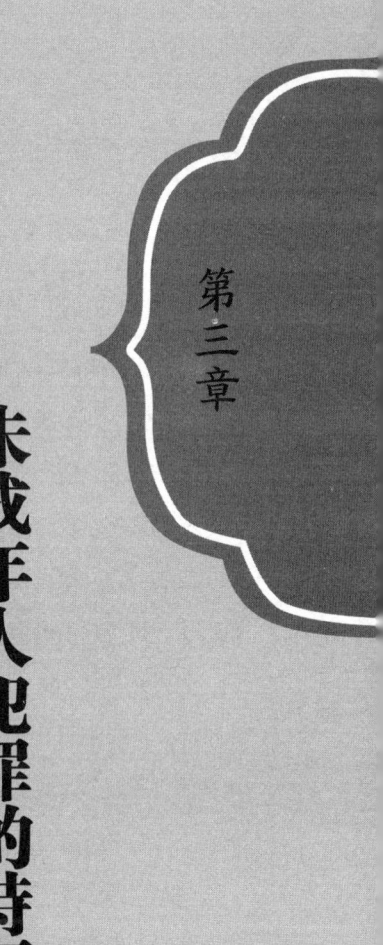

第三章 未成年人犯罪的特征变化与刑事政策

近年来，未成年人犯罪呈现出低龄化、暴力化等趋势。2018年12月2日，发生了一起骇人听闻的案件。晚饭后，一位母亲发现自己12岁的儿子在家抽烟，便用皮带抽打他，希望他改掉这个坏毛病。这一举动引起了儿子的暴怒。趁着母亲熟睡期间，他从厨房取来一把菜刀，在母亲身上砍了二十多刀，致其当场死亡。事后，他反锁了母亲卧室的房门，将家中整理了一番，并用母亲的手机给班主任发短信，为自己请假。被警察抓获后，他甚至说出"我又没杀别人，我杀的是我妈妈"这样的言论。近年来，未成年人犯罪显现出手段暴力凶狠、事后态度淡漠、案件后果恶劣等特点，这些案件引起了社会的关注和忧心：为什么现在的孩子会变成这样？他们仿佛变得越来越暴力、越来越冷血。

同时，部分媒体为了博人眼球而过分渲染情感，甚至有些报道进行了夸张化的处理来吸引读者。而人们往往对负面消息格外敏感，对具有威胁性的内容印象深刻。在这里，我们需要借助科学的调查数据，客观地分析和理解未成年人犯罪的真实现状。接下来，本章将介绍两个方面的问题：一是如今未成年人犯罪究竟有何变化；二是法律对未成年人犯罪的惩罚是否在加重。通过回答这两个问题，我们将对未成年人犯罪的现状有更好的了解。

1. 未成年人犯罪的总体现状

◎**未成年人犯罪人数的变化趋势**

我们都很关心一个问题，那就是未成年人群体中的犯罪人数是否越来越多了，我们可以从历年未成年人的犯罪人数及未成年人的犯罪率中找到这个问题的答案。

2018年人民法院大数据管理和服务平台所公布的信息显示，2009年至2017年，全国未成年人犯罪数量呈持续下降趋势。其中，近年犯罪人数下降幅度较大，平均降幅超过12%，2016年降幅更是达到18.47%。[①] 目前，我国已成为世界上未成年人犯罪率较低的国家之一。按照这个数据，我国未成年罪犯数量呈现明显下降趋势，总体情况明显向好。除人民法院所公布的数据外，我们也需要了解人民检察院关于未成年人犯罪案件的受理情况。人民检察院负责对公安机关侦查的案件进行审查，决定是否逮捕、起诉至法院或是不起诉。若检察院决定起诉，则案件会递交到人民法院，由法院对其进行审判。因此，若要了解未成年人犯罪的总体情况，

---

① 中国司法大数据研究院.从司法大数据看我国未成年人权益司法保护和未成年人犯罪特点及其预防［EB/OL］.［2022-02-23］. http://data.court.gov.cn/pages/categoryBrowse.html?keyword=%E6%9C%AA%E6%88%90%E5%B9%B4.

有必要对检察院所受理的未成年人案件进行分析。最高人民检察院每年都会发布《未成年人检察工作白皮书》，总体来说，2014年至2016年，受理审查逮捕和受理审查起诉的未成年人数均明显下降。但自2016年至2019年人数便出现了波动，甚至呈现出轻微上升的趋势。此后，未成年人犯罪数量再次出现显著下降。继2019年受理审查逮捕、审查起诉未成年犯罪嫌疑人同比上升7.51%、5.12%之后，2020年分别同比下降21.95%、10.35%，为五年来最低。① 为什么2020年的数据会突然发生巨大转变呢？详细分析2020年各季度的情况，受理审查逮捕未成年犯罪嫌疑人数分别为5695人、7941人、12996人和11049人。可以发现，2020年年末时的犯罪人数显著高于年初，而年初正好是疫情暴发的阶段，因此2020年犯罪人数的突然下降可能和防控措施有关。②

为了验证未成年人犯罪的总体情况，我们进一步梳理了多份不同来源的数据报告，如最高人民检察院发布的《未成年人检察工作白皮书》、中国青少年研究中心公布的《未成年人犯罪研究报告》、国家统计局公布的《中国儿童发展纲要（2011—2020年）》以及《中国法律年鉴（2002—2020年）》等。此外，前文中的数据均为"未成年罪犯数"，但是犯罪人数的下降并不

---

① 最高人民检察院.未成年人检察工作白皮书（2020）[EB/OL].[2022-02-26]. https://www.spp.gov.cn/spp/xwfbh/wsfbt/202106/t20210601_519930.shtml#2.

② 王慧琳，于鸿.我国未成年人犯罪低龄化研究[J].黑龙江人力资源和社会保障，2021（14）：11.

意味着犯罪率的降低。举个例子，今年 A 地区共有 30 名未成年犯人，B 地区共有 300 名未成年犯人，这是否可以说明 A 地区在未成年犯罪行为的预防和矫治上获得了更好的成效呢？并不见得。如果 A 地区共有 100 名未成年人，B 地区共有 10000 名未成年人，那么 A 地区平均每 100 个未成年人中便有 30 个犯罪人（犯罪率为 30%），B 地区平均每 100 个未成年人中仅有 3 个犯罪人（犯罪率为 3%）。因此，对未成年人犯罪总体情况的判断不仅需要了解未成年人的犯罪人数，还需要了解未成年人的犯罪率。

图 3-1 展示了 2001 年至 2019 年未成年人犯罪数量及犯罪率。从整体来看，未成年人犯罪数量常年保持在较高水平，这说明我国依旧不可放松对未成年人犯罪的预防和矫治。2001 年到 2005 年，未成年人犯罪率呈较高的增长速度，每年递增；2005 年到 2008 年，未成年人犯罪率出现了下降趋势，虽然未成年人犯罪数量依旧有所提升，但是增幅减缓，上升态势得到有效遏制；2008 年到 2017 年，未成年人犯罪率的降幅明显。[1] 2018 年，中国未成年人犯罪人数为 3.4 万人，与 2017 年基本持平。青少年作案人员占全部作案人员的比重为 17.2%，比 2017 年下降 2.1 个百分点，比 2010 年下降 18.7 个百分点。[2] 但是 2017 年到 2019 年的数据显示，未成年人的犯罪数量和犯罪率再次回升，这一情况需要司法

---

[1] 吴鹏飞，汪梦茹.论降低刑事责任年龄对预防未成年人犯罪的影响［J］.犯罪研究，2021（6）：84.

[2] 宋占东.未成年人犯罪所呈现的特性分析［J］.法制博览，2021（20）：165.

部门给予重视。

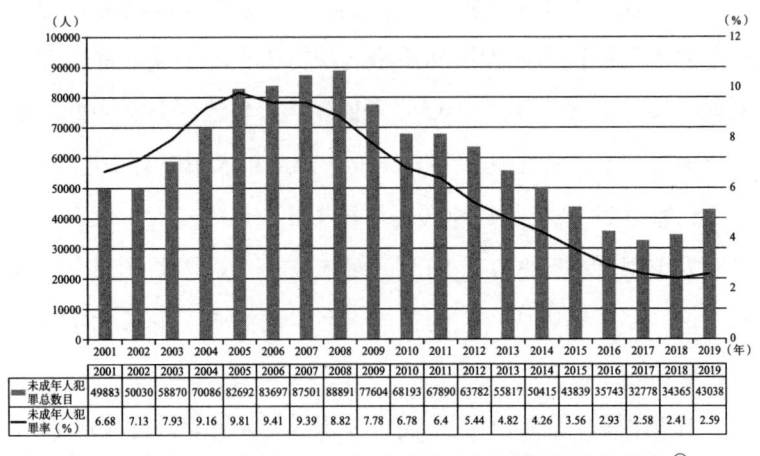

年份	2001	2002	2003	2004	2005	2006	2007	2008	2009	2010	2011	2012	2013	2014	2015	2016	2017	2018	2019
未成年人犯罪总数目	49883	50030	58870	70086	82692	83697	87501	88891	77604	68193	67890	63782	55817	50415	43839	35743	32778	34365	43038
未成年人犯罪率（%）	6.68	7.13	7.93	9.16	9.81	9.41	9.39	8.82	7.78	6.78	6.4	5.44	4.82	4.26	3.56	2.93	2.58	2.41	2.59

图 3-1　2001 年至 2019 年未成年人犯罪数量及犯罪率[①]

综上所述，在总人口犯罪率逐年上升的情况下，我国未成年人犯罪率呈现出总体下降的良好趋势，并非如一些媒体为追求"眼球效应"所呈现在社会民众面前的偏颇言论所说的那样。[②]此外，还有一个值得关注的现象：通常而言，未成年人犯罪中大多数为男性，但是近年来女性未成年人犯罪的比例有所增加。人民法院大数据管理和服务平台所公布的报告显示，2015 年 1 月 1 日至 2016 年 12 月 31 日，我国未成年人犯罪案件中，未成年男性被告人占比 95.05%，未成年女性被告人占比

---

① 中国法律年鉴社.中国法律年鉴［M］.北京：法律出版社，2020：1185.

② 刘宪权，陆一鸣.《刑法修正案（十一）》的解读与反思［J］.苏州大学学报（哲学社会科学版），2021（1）：40.引自：吴鹏飞，汪梦茹.论降低刑事责任年龄对预防未成年人犯罪的影响［J］.犯罪研究，2021（6）：86.

第三章 未成年人犯罪的特征变化与刑事政策

4.95%。[①] 2016 年 1 月 1 日至 2017 年 12 月 31 日，全国法院新收的未成年人犯罪案件中，男性未成年人犯罪人数占比 93.44%，女性未成年人犯罪人数占比 6.56%，[②] 后者相比上一个统计年增长趋势显著。

◎未成年人犯罪的低龄化现象

2009 年，某小学 3 名小学生向同学勒索钱财，多次用烟头烫伤同学。此外，这 3 名小学生还利用钢筋、砖头等凶器殴打同校学生——该行为已符合《刑法》第二百三十四条规定的故意伤害罪的构成要件，但因行为人均未满 14 周岁，只给予了记过处分。2015 年，某小学 13 岁的副班长向同学索要钱财，一旦被索要人不能满足该副班长的要求，便会被其逼迫喝尿吃屎。2015 年 3 月 7 日，《工人日报》刊载"5 少年乱石打死 8 岁玩伴"的案件，涉案最大的年仅 15 岁。问起作案动机时，他们说，就是想把玩伴身上的 40 元钱骗去玩游戏，怕受害人回去告诉家长而被父母责打，所以把玩伴打死。[③] 2019 年 1 月

---

① 中国司法大数据研究院.司法大数据专题报告：未成年人犯罪［R/OL］.［2022-02-23］. http：//data.court.gov.cn/pages/categoryBrowse.html?keyword=%E6%9C%AA%E6%88%90%E5%B9%B4.

② 中国司法大数据研究院.从司法大数据看我国未成年人权益司法保护和未成年人犯罪特点及其预防［EB/OL］.［2022-02-23］. http：//data.court.gov.cn/pages/categoryBrowse.html?keyword=%E6%9C%AA%E6%88%90%E5%B9%B4.

③ 原所秀.关于青少年犯罪新动向及预防对策的探讨［J］.辽宁警察学院学报，2020，22（2）：32-36.

15日，某中学一名13岁学生用刀将同班一12岁男孩捅死……这一起起凶残的案件加重了人们的恐慌，也有人为犯罪嫌疑人无法受到应有的惩罚而愤愤不平，由此掀起了调整刑事责任年龄的讨论。

中国预防青少年犯罪研究会称，在发生犯罪行为的未成年人中，14至16岁年龄段所占比重在逐年提升，至2013年该年龄段的犯罪人已占所有未成年犯的一半以上，未成年人犯罪呈现低龄化趋势。[①]12.2岁为青少年出现不良行为的平均年龄，13至14岁则为不良行为发生高频段。因此，是否需要降低刑事责任年龄，成为大家关注的重点。为了回答这一问题，我们首先需要了解当下未成年人犯罪的年龄特点，是否确实出现了犯罪低龄化的情况。

已满14周岁未满16周岁的未成年犯比重情况，能在一定程度上揭示我国未成年人犯罪低龄化的严重程度。根据最高人民检察院公布的《未成年人检察工作白皮书（2020）》以及《未成年人检察工作白皮书（2014—2019）》[②]，已满14周岁未满16周岁的未成年犯比重有回升趋势。2020年较2014年全国检察机

---

① 中国预防青少年犯罪研究会2013年发布的数据，https://www.163.com/dy/article/FV4GSDRH05466SC0.html.

② 最高人民检察院.未成年人检察工作白皮书（2014—2019）[EB/OL].[2022-03-08]. https://www.spp.gov.cn/spp/xwfbh/wsfbt/202006/t20200601_463698.shtml#2；最高人民检察院.未成年人检察工作白皮书（2020）[EB/OL].[2022-03-08].https://www.spp.gov.cn/spp/xwfbh/wsfbt/202106/t20210601_519930.shtml#2.

关受理起诉14周岁至16周岁的未成年人犯罪的人数总体减少6076名。

详细来说,从犯罪人平均年龄的变化来看,1980年至1985年我国青少年犯罪的平均年龄为17.7岁,1986年至1990年平均年龄为16.9岁,1991年至1995年平均年龄为16岁。[1]2001年中央综治委预防青少年违法犯罪工作领导小组办公室和中国青少年研究中心进行的全国未成年人犯罪抽样调查显示,2001年青少年犯罪人犯罪时的平均年龄为15.76岁,至2010年时该数据下降至15.67岁。[2]从初犯年龄的变化来看,20世纪70年代以前,我国青少年犯罪人首次实施犯罪行为的年龄为16周岁,进入90年代后,初犯年龄低于14周岁的情况明显增多。当前,我国在10-13周岁首次实施犯罪行为的青少年占初犯未成年人总数的8.9%。[3]

综上所述,结合我国14至16周岁青少年的犯罪率、我国青少年平均犯罪年龄以及初犯年龄持续下降的趋势可知,我国青少年犯罪低龄化的趋势较为明显,但是总体呈好转态势。[4]

---

[1] 杨统旭.现行刑事责任年龄规定的困境及出路[J].青少年犯罪问题,2018(6):13-20.

[2] 关颖.未成年人犯罪特征十年比较:基于两次全国未成年犯调查[J].中国青年研究,2012(6):47-52.

[3] 张远煌.中国未成年人犯罪的犯罪学研究[M].北京:北京师范大学出版社,2012:117.

[4] 陈玮璐.青少年犯罪防治与最低刑事责任年龄规定之修改[J].中国青年研究,2021(2):54.

为了应对未成年人犯罪的低龄化现象，我国在《刑法修正案（十一）》中也将刑事责任年龄下调至12周岁。

◎ **未成年人犯罪的群体性特征**

根据调查，我国未成年人犯罪具有团伙作案的趋势，[①]甚至有一些未成年人加入了黑社会性质组织。在黑社会性质组织里，未成年人会遵守"帮规"，实施抢劫、强奸、杀人等严重罪行。目前，我国的未成年人犯罪中，约有70%属于团伙犯罪。未成年人团伙犯罪的趋势仍在增强，正逐渐成为学校、社会的毒瘤，威胁着未成年人的健康成长和社会秩序的安定。

为什么未成年人团伙犯罪的比例如此之高？是什么因素导致未成年人在进行犯罪决策时选择团伙犯罪呢？首先，未成年人团伙犯罪相比于个人犯罪而言，整体的犯罪能力较强，更容易达成犯罪目的。未成年人由于生理上的稚嫩、认知上的幼稚和情感上的偏执，独自顺利完成犯罪的计划、实施和善后是非常困难的。团伙既能够化零为整，积聚力量，又可以在犯罪时相互鼓劲，增强勇气。其次，实施犯罪的未成年人在日常生活中通常遭遇过挫折或难以融入现有的学习与交往。他们在与自己相对同质的犯罪团伙中比较容易找到理解自己、兴趣一致的朋友，从而补偿缺失的心理需要。如果在群体或小团体中与那

---

① 祝言卿.未成年人刑事犯罪特点及解决方案[D].石河子：新疆石河子大学，2020.

第三章 未成年人犯罪的特征变化与刑事政策

些有劣迹的个体在一起，则很快就会受到他们的传染和影响。并且，犯罪团伙中的未成年人通常在思想上比较简单和一致，通过相互学习、模仿，以老带小、以旧带新，使未成年人团伙犯罪迅速发展起来。

在我国，团伙犯罪是未成年人犯罪的最主要形式，虽然未成年人团伙犯罪的犯罪规模、组织形式、犯罪形式都尚不足以与成年人帮派相提并论，但该种形式的犯罪危害性实则在不断加重，并逐渐成为成年人帮派犯罪的"后备军"，应当引起社会的广泛关注。未成年人团伙作案除了有数量逐年上升这一特点，还具有以下四个特点。

（1）未成年人犯罪团体成员往往不只有未成年人，还有成年人。很多团伙犯罪都是由成年人和未成年人共同实施的。成年人和未成年人一起犯罪的主要特点是：未成年人的可塑性很强，在与成年人共同作案的过程中，会主动模仿成年人的犯罪方式，使未成年人的犯罪行为变得更加成熟。但是由于他们的思想还不够成熟，在作案的时候，不知道轻重，有时候只是为了单纯发泄心中怒火，他们往往会用上从成年人那里学来的更凶残的方式实施犯罪，导致后果更加严重。

（2）未成年人犯罪组织的人数在不断增加且组织性有所加强。据调查，一般未成年人犯罪组织中有20多人，有些组织甚至有40多人。在一个大型组织中，领导者还会进一步将成员分成若干个小组，每组5人左右。在每个小组中，会进一步将人员分工，由好斗分子和有过犯罪经历的人担任头领，负责确定

·129·

目标、制订计划、传授方法,以及应付突发事件。实施完犯罪后,头领们往往会将赃物分给小组其他成员。[1]

(3)未成年人在进行团伙犯罪时会做更充分的准备和更周全的计划。未成年人犯罪团伙常实施盗窃行为,主要是盗窃电动自行车、汽车、路边商店等。他们在实施盗窃之前,常常会精心挑选作案对象,为了保证自己的成功,他们往往会挑选自己最擅长的犯罪手段。与此同时,有些团伙成员还会积极学习反侦查手段,这可以降低他们被抓捕的风险。

(4)未成年人团伙犯罪案件中涉黑比例有所上升。2020年4月,最高人民检察院指出,未成年人涉黑恶犯罪虽然从整体上看人数总量不大,占同期犯罪比例不高,但数量逐年增长。2017年至2019年,全国检察机关办理的组织、领导、参加黑社会性质组织犯罪案件,受理审查起诉的未成年人数分别为84人、428人、552人,2018年、2019年比上年分别增长了410%和29%。[2] 2020年4月23日,最高人民检察院公布了3起利用未成年人实施黑恶势力犯罪典型案例。

案例1:谢某,于2017年获释后,先后与他人拉拢、招募、吸收10多名未成年人(其中15名在校学生,最年轻者仅13岁),在某地欺压、残害群众,为非作歹,独霸一方。2018年12月,

---

[1] 成乐康.当前未成年人团伙违法犯罪防控方式研究:以J省Y市某犯罪团伙为样本[J].法制与社会,2020(19):34-37.

[2] 郭洪平.伸把手,拉住悬崖边的孩子[N].检察日报,2021-01-29(4).

谢某因犯组织、领导黑社会性质组织罪等，数罪并罚，被判有期徒刑十三年六个月，并处没收个人全部财产。

案例2：以黎某为首，毛某、骆某（未成年人）等6人为固定成员的恶势力犯罪集团，以暴力、威胁等手段多次实施违法犯罪活动，欺压当地百姓，扰乱社会生活秩序，造成较为恶劣的社会影响。2019年12月，法院对黎某等人作出判决，依法判处黎某犯寻衅滋事罪、妨害作证罪、故意伤害罪、非法采矿罪，数罪并罚，决定执行有期徒刑六年六个月，并处罚金5万元。

案例3：靳某自2018年10月以来，多次在QQ群发布收买银行卡的信息，雇用温某、刘某、安某（3人均为未成年人）形成贩卖银行卡的恶势力犯罪团伙，采取威胁、非法拘禁等手段进行违法犯罪活动。2019年12月31日，靳某因犯妨害信用卡管理罪、非法拘禁罪、寻衅滋事罪，数罪并罚，被法院判处有期徒刑四年六个月，并处罚金3万元。[1]

据了解，有许多黑社会性质组织会故意引诱、胁迫未成年人加入，其主要目标之一，就是在犯罪行为暴露之后，让16岁以下的未成年人认罪。就以靳某为例，在案发后，靳某为了逃脱法律制裁，声称自己与该团伙中的未成年人没有任何关系，对此一无所知，并试图将其归咎于被利用的未成年人。当然，

---

[1] 最高检发布利用未成年人实施黑恶势力犯罪典型案例［EB/OL］.［2020-04-23］. https://www.chinanews.com.cn/gn/2020/04-23/9165359.shtml.

检察官也用确凿的证据来反驳他的辩解。办案人员指出，在司法实践中，也有一些未成年人其实并不愿意参与社会上的犯罪活动，却被社会上的成年人胁迫，被迫采取相应的行动。

北京市高级人民法院于 2020 年 5 月 29 日发布全市法院系统审理利用未成年人实施犯罪案件情况时，曾提到一起敲诈勒索、非法拘禁案。邵某等嫌疑人，为让犯罪团伙中的一名未成年人"听话""服从"，采取殴打、限制人身自由等手段，强迫其做出自己不愿做的事情。此后，该未成年人多次被迫参加了该团伙的犯罪。北京市高级人民法院副院长表示，从表面上来看，有些未成年人直接实施了危害社会的行为，是罪犯，但从某种意义上来说，他们也是"受害人"。①

◎犯罪手段是否越来越智能化？

随着时代的发展及科学技术的进步，现在的大部分未成年人会接触到手机、电脑等电子设备，而这些设备也成了未成年人的犯罪平台之一。例如，有的未成年人利用手机与电脑在网络上实施诈骗，并利用网络空间的虚拟性和隐蔽性来躲避追责。而手机、电脑、网络本身也可以给未成年人提供新型的高智商犯罪手段，直接应用于实际生活之中。近年来，未成年人通过

---

① 未成年人涉黑恶犯罪发案率呈上升趋势　防范刻不容缓[EB/OL]．[2021-01-29]．https://www.chinanews.com.cn/gn/2021-01-29/9399322.shtml．

第三章　未成年人犯罪的特征变化与刑事政策

互联网进行违法活动的案例不断增加，对社会造成的危害也日趋严重。科技的进步是不可阻挡的，在享受科技便利的同时，也需要合理引导未成年人健康使用科技。

十六七岁的羊某等13名犯罪嫌疑人，设计了一个可以购买特价机票的网站，实施了涉及广东、河南、福建等省的30多宗"机票火车票改签"电信诈骗案。他们的主要作案方式是通过客服电话，要求受害人将购票款转到特定的银行账户，但是当受害者将购票款转入指定的账户后，就会显示转账不成功，这时受害者会继续被要求按照提示操作，最终其银行卡的现金会被悉数转走。这13名未成年人最后被警方捕获，当场缴获赃款2万多元，作案用小汽车4辆及银行卡、手机等涉案物品一批。①

目前，未成年人利用网络实施违法犯罪行为的类型主要有五种：

第一种是利用网络传播淫秽信息。未成年人由于心智不成熟，极易被一些淫秽信息吸引并产生好奇心理去关注色情网站，在色情网站的诱导下，一些未成年人为赚取积分以提高用户等级，会利用互联网上传淫秽图片、淫秽视频或淫秽小说，还会

---

① 跨省诈骗30余宗　嫌犯大多十六七岁［EB/OL］.［2015-03-20］. https://m.sohu.com/n/410041064/.

尽可能地传播到更广范围以提升点击率。

第二种是通过互联网找到犯罪对象实施诈骗。未成年人首先通过网络媒体，找到心理防御能力较弱的受害人，与其建立联系，获得信任。接下来再通过受害者的需求，设置陷阱并要求其转账以骗取钱财。

第三种是通过网络进行毒品交易。据调查，2013年之前，在超过一半的毒品犯罪案件中，未成年人都起到协助作用，这是因为毒品犯罪组织者觉得未成年人的年龄较小，在协助他们贩毒后容易蒙混过关。但是，从2013年至今，未成年人单独实施毒品犯罪的案例数量大大增加。这是因为，网络社交软件为未成年人提供了毒品交易的新渠道。本来学习能力就比较强的未成年人很轻易地就掌握了毒品来源和购销链条，于是开始走向独立犯罪的道路。值得注意的是，部分未成年人由于经常出没不正规娱乐场所，染上了毒瘾，于是开始加入贩毒组织并利用网络实施毒品犯罪。但是还有一部分未成年人是因为对贩毒赚钱多感兴趣，从而实施网络贩毒，最终在"毒圈"中也学会了吸毒。

第四种是利用电子支付手段进行侵财犯罪。一些未成年人会利用亲密关系借用他人手机，通过一系列操作重新设置受害人支付宝等账户密码，从而对其账户进行操作，如消费、转账和盗窃财物。另外，还有一些未成年人直接通过截获受害人手机短信验证码，盗取受害人的账户及相关银行卡内资金。此种作案方式往往行动迅速，受害人较难察觉自己被骗。

第五种涉及一些更高级的犯罪方法。未成年人会专门去一些不良网站学习与犯罪相关的网络技术,在熟练掌握后,设计网络游戏进行网络诈骗和网络赌博等非法行为,或者利用黑客技术,侵入他人计算机和网络银行等,直接盗取他人财产。

2018年7月至11月,王某甲拿到了被害人丢失在出租车上的一部手机。于是,他找到王某乙(另案处理),解锁了手机,发现该手机支付宝无登录密码且200元以下金额可以免密支付,于是,他采用扫付款码的方式,分别与王某乙、马某通过王某乙及其母亲等人手机的支付宝盗刷被害人支付宝账户300余次,共计66018.4元,所得款项用于消费挥霍。案发后,被告人王某甲、马某经侦查机关传唤到案,如实供述了自己的罪行,所得钱款全部退还被害人并取得被害人的谅解。①

未成年人犯罪手段智能化升级造成了更严重的社会危害。计算机网络使未成年人所实施的犯罪行为速度更快、隐蔽性更强,导致侦查取证困难、破案难度较大。以前未成年人若想抢劫银行,需花费数小时甚至数天时间,而现在的网络犯罪只需要花费几分钟甚至几秒钟的时间,不会留下任何犯罪痕迹。虽然受害者会通过短信或者转账记录了解到自己受到了财产侵犯,

---

① 以案释法|拾得手机盗刷他人支付宝?构成盗窃罪![EB/OL].[2021-01-13]. https://www.thepaper.cn/newsDetail_forward_10781299.

但这个信息很难提供犯罪嫌疑人的具体位置和其他信息。一是因为一些未成年人操作电脑技术越来越高超，往往能够顺利规避安全系统的控制，有效隐藏真实身份和地址；二是基于计算机网络本身的特点，犯罪嫌疑人在破坏网站实施犯罪行为时，数据本身就会出现一些损失。除此之外，未成年人借助网络实施犯罪的危害范围是难以评估的。具体来说，在网络经济犯罪中，病毒会侵入受害人的手机和计算机，给受害人造成巨大的财产损害。同时这种侵害不受时间和地域的限制，因此它的范围更广，所造成的损失更难以预估。

◎未成年人犯罪极端性特点凸显

未成年人犯罪不仅呈现出低龄化的特点，而且个别案件作案手段越发残忍，远超大众的认知。但需要注意的是，为了吸引观众眼球，媒体报道往往会选取典型案例，这些案例的作案方式通常超乎意料地凶残。

未成年人实施严重的暴力犯罪时，其内部驱动力何来？我们知道，任何犯罪都存在相应的犯罪动机，而动机是在需要的基础上产生的。当人的某种需要没有得到满足时，它会推动个体寻找满足需要的对象，从而产生活动的动机。未成年人实施极度暴力的犯罪时，满足的是自身的哪些需要呢？

第一，满足了欲望型需要。随着身体发育，进入青春期的未成年人会逐渐提高对异性的兴趣，在无法有效控制自身不合理欲望时，他们会做出有悖社会道德和法律规范的行为，如强奸，事后很可能因为害怕被揭发而产生杀死被害人的残忍动机。

第二，满足了情绪型需要。许多未成年罪犯的犯罪动机是在不良情绪积聚的基础上产生的。不良情绪如果是持久性的，则在引起消极情绪的因素消失后，未成年人仍能长时间沉浸其中，无法自拔。未成年人犯罪的高发群体是青春期的孩子，他们的身心均处于快速发展时期，认知不成熟，情绪不稳定。当面对问题时，易产生嫉妒、愤恨、敌视等不良情绪，并无法及时进行调整，在情绪化状态下做出残暴行径。

第三，满足了挫折刺激型需要。研究表明，一个人受到的挫折越大，越容易产生侵犯和攻击性，这就是著名的挫折—攻击理论。未成年人的身心发展具有独特性，当他们受到挫折时，往往会产生强烈的情绪，很可能无法从认知上合理地化解挫折所带来的消极影响。一念之差，可能就在挫折引发的心理失衡下做出恶劣且残忍的犯罪行为。

第四，心理缺陷引发的极端暴力。在众多未成年人杀人案中，犯罪人都表现出严重的心理缺陷。以2007年4月16日发生在美国的弗吉尼亚理工大学的韩国学生赵某熙杀人案为例，他在开枪杀死30多人后自杀身亡。据媒体报道，赵某熙在案发前曾在宿舍里放火，还追踪过女性。他的同学说，赵某熙上课时总是坐在后面，戴着帽子，很少参与课上活动。本案中，无论所谓的"女友外遇"，还是所谓的"富家子弟"的看法，都流露出他非常害怕被人拒绝、被人轻视的心理。心理缺陷无疑是引发极度暴力行为的重要风险因素。

◎ **信息时代是把"双刃剑"——预谋型犯罪比例上升**

一般来说，未成年人正处于生理、心理上的特殊时期，这一时期未成年人具有认知不成熟、辨别是非能力欠缺、自我控制力不足、对后果的考虑较少等特征。所以通常来讲，未成年人的犯罪是具有情绪性和冲动性特点的。然而，随着信息科技的飞速发展，大多数未成年人自幼就接触到了大量网络信息，对社会的认知要超前于以往未进入信息时代的未成年人。这种信息的催化作用使得大多数未成年人表现出了早熟的心理特征，无论是认知水平还是性成熟心理，都要更加超前。因此，现如今的未成年人犯罪也渐渐呈现出了预谋性上升的特点，甚至有的未成年人会考虑到自己的年龄，特别关注法定年龄的限制来逃脱法律制裁，这也体现了未成年人在考虑脱罪时的预谋性。

未成年人的预谋性犯罪逐渐增多，在各个方面体现着其**思维的复杂性**。从犯罪行为的实施层面来看，新时代的未成年人表现出了犯罪心理的异常成熟。这种成熟性一方面表现在其对作案工具的选择和作案场所的选取方面强调致命性和突袭性。从突袭性来看，未成年罪犯主要选择受害者忙于其他事或者放松警惕的时候作案，如熟睡时。另一方面，犯罪行为实施后的表现也体现了未成年犯罪者的心理异常成熟，很多罪犯在实施犯罪后内心非常平静，并没有因此影响到上学、玩乐等行为。而且，这些未成年人还会试图毁尸灭证、编造案情、伪造现场等来迷惑侦查视线，并利用自己的年龄优势试图逃脱法律的制裁。

再者，未成年犯罪者的行为也具有明确的目的性。不同于激情犯罪或情绪化犯罪，现如今的许多未成年人在实施犯罪前仔细规划，明确好犯罪目的，在犯罪时一气呵成，很少有中途放弃的情况。在一些弑亲案件中，未成年罪犯在实施第一次袭击之后，并没有放弃犯罪意图，反而继续实施犯罪行为。

◎道德水平与认知能力匮乏

认知是指个体认识和理解事物的心理过程，涉及知识的获取、使用和操作等过程，包括感觉、知觉、注意、表象、记忆、思维等。在认知过程中，思维至关重要，更是智力的核心。未成年人认知发展的特点主要表现在思维发展上，许多未成年人思维活动中的自我意识成分增多，思维的反省性和监控性明显提高。与一般青少年相比，未成年罪犯的认知特点有所不同。

首先，未成年罪犯的法律知识贫乏，法律意识淡漠。很多未成年罪犯对学校的学习没有兴趣，学业不良，对学校所教授的知识掌握得不系统、不牢固，甚至中途辍学，连义务教育阶段的学业都未完成。文化的匮乏限制了其认识能力和道德水平的发展，对法律的认识也十分欠缺。"学法、懂法、守法"是从认识到行为的一系列过程，但是未成年罪犯在学法、懂法方面出现了很大的偏差，导致最后的守法无从谈起。他们往往没有形成正确的法治观念，不懂得用法治观念来规范和调整自己的行为。很多青少年由于社会阅历缺乏，思维方式简单，对犯罪的社会危害性以及被捕后的法律地位、供述的重要性认识不足。许多犯下严重罪行的问题青少年被警察抓住后，幼稚地认为被批评教育一下就可以回家了，或者爸爸妈妈会替他"摆平"。在法律面前，很多问题青少年是不折不扣的"法盲"。

其次，未成年罪犯的认知观念不正确，他们往往存在错误或者模糊的认识标准，对是非、善恶、美丑常做出错误或者歪曲的判断。许多影视作品和网络传媒中所渲染的暴力和色情镜头对他们的认知形成强烈的冲击。他们对于违反社会规范的行为表现出极大的兴趣，很容易在认知上接受和推崇影视作品中宣扬的色情、暴力等反社会的行为，把"武力可以解决一切问题""谁的拳头硬谁有理"等不合理的认知内化于心，在一定的情境中可能会模仿、复制这些反社会行为。特别是在有关道德评价中，他们往往会做出错误的判断。在道德与无德、高尚与卑劣、光荣与耻辱、英雄与亡命之徒、自由与法律、民主与法治等问题上认识浅薄、观念模糊，甚至颠倒黑白、混淆是非，如简单地认为胆子大就是"英雄"、"哥们儿义气"就是"友谊"、想干什么就干什么就是"自由"等。在问题青少年犯罪人访谈中，当谈及耻辱、崇拜的人物等问题时，他们大多认为谁在打架斗殴、偷窃、抢劫、诈骗等违法犯罪活动中有"本事"，谁就光荣；认为有仇不报是耻辱；他们崇拜反潮流英雄，渴望做出入有保镖簇拥的黑社会老大式人物，把能有福同享、有难同当、为朋友两肋插刀的人视为人品高尚的人,而认为那些爱憎分明、大义灭亲的人是装模作样、假积极、出风头。青少年在上述这些是非颠倒、愚昧无知的认知支配下,在强烈的逆反心理驱使下,进行违法犯罪活动是毫不奇怪的,这是青少年产生违法犯罪心理的认识基础。在这些错误的认识指导下容易出现违法犯罪行为。

最后,未成年罪犯的认知结构具有突出的两面性特征,处于半幼稚半成熟、似懂非懂的过渡状态。他们的认知能力有一定的独立性和批判性,但还较多地停留在直观经验阶段;他们阅历有限,经验尚不丰富,又颇为自信,甚至有时偏激固执,对事物的分析容易主观、片面和情绪化。这种认识上的主观性、片面性和情绪性往往影响某些青少年对事物因果关系的考虑,影响他们对事物的正确选择,因此,他们极易被一些不法分子用内隐、间接的方式引入歧途。很多参加共同犯罪的青少年,都是在惯犯、累犯及其他社会不良人员利用邻里关系,向其灌输犯罪意识、传授技能和方法、直接教唆之下走上犯罪道路的。

◎社会发展的阵痛——留守未成年人更易犯罪

改革开放以来,城市化进程席卷了整个中国。但在高速发展的另一面,是城乡差距的快速扩大,产生了农村空心化、留守家庭等种种社会问题。如2017年与2018年最高人民法院发布的司法大数据统计显示,在诸多影响未成年人犯罪的家庭相关因素中，留守家庭因素排名分别为第一[①]、第三[②]。

每一个恶性案件的背后，都是血淋淋的家破人亡；每一个原本天真纯良的孩子，都可能在社会负面因素的影响下走上犯罪的道路，从而毁掉自己的一生。在未成年人的犯罪案件中，留守家庭、离异家庭、流动式家庭、单亲家庭、再婚家庭出现未成年人犯罪的比例排名靠前。近年来，社会学、心理学、法学等学科的研究者关注到了留守未成年人这一特殊群体，这类群体的犯罪比例在未成年人犯罪中居高不下，对其特点和影响因素的探讨具有重要的社会价值。

留守未成年人犯罪有其特殊之处，表现在犯罪整体特点和留守者个体特点两大方面。

首先，留守未成年人犯罪呈现多样性的特点。据统计，留守未成年人犯罪类型广泛，涉及盗窃罪、抢劫罪、故意伤害罪、寻衅滋事罪等多种罪名。[③] 留守未成年人的犯罪行为不单单是盗窃、打架斗殴这种生活中比较常见的行为，还涉及杀人、强奸、卖淫等具有成人化特点的犯罪。

其次，留守未成年人实施的侵犯财产类犯罪比例最高。一

[①] 中国司法大数据研究院.司法大数据报告显示：62.63%的未成年人犯罪被告人为初中生［EB/OL］.（2017-12-03）［2020-01-01］.https://www.sohu.com/a/208186772_100076100.

[②] 中国法院报.司法大数据"揭秘"涉未成年人案件审判情况，我国已成为世界上未成年人犯罪率最低的国家之一［EB/OL］.（2018-06-01）［2022-07-01］.https://www.court.gov.cn/zixun/xiangqing/99732.html.

[③] 哈妮.留守未成年人犯罪研究［D］.呼和浩特：内蒙古大学，2021.

第三章 未成年人犯罪的特征变化与刑事政策

般来说，留守未成年人可以从家庭中索取的经济支持并不算很多，他们自幼可能就生活在不甚富裕的环境之中。随着青春期的到来，虚荣心理、求认同心理、求关注心理迅速发展，留守未成年人表现出了明显的贪利性。盗窃罪是留守未成年人实施最为频繁的犯罪，这可能是由于盗窃能够使他们获得经济收益，同时犯罪成本又相对较低，实施起来也较为简单。

最后，留守未成年人的犯罪手段具有重复性。许多留守的未成年人会在一段时间内连续多次作案，且采取相同或相似的作案手法。连续作案的时间并不会很长，有时相隔几天，有时则会相隔几个月。

这不禁让我们思考，留守未成年人和普通未成年人之间存在怎样的区别，为什么这样的悲剧往往发生在留守家庭的孩子身上呢？美国在20世纪经历了快速的城市化浪潮，未成年人犯罪现象也在这一期间爆发式增长。于是人们总结出了社会纽带理论，认为未成年人犯罪是个人和传统社会联系薄弱或破裂的结果，依恋、投入、卷入和信念四个要素导致了青少年踏上犯罪道路。而中国近几十年来城市化的浪潮产生了城乡二元格局的分化，以留守儿童为代表的未成年人社会纽带也随之断裂。父母与孩子分隔两地，强调情感联结的"依恋"随之下降；缺乏父母的指导规范，留守儿童在学习等传统目标的情感"投入"也难以保障；其在学习上花费的时间也会减少，"卷入"这一指标也被削减；在网络等新兴外部文化的冲击下，留守未成年人不再相信传统的农村社会规范，"信念"也走向崩塌。学者们针对中国现实所做的实证研究也印证了这样的理论解释：留守未成年人往往由爷爷奶奶等年老的长辈抚养长大，由于代沟问题跟家人缺乏深入的交流，对于"好好学习""乖乖听话""遵纪守法"的劝告和教育也抱持着反叛心理，对于学校和老师的教育甚至普遍抱有对抗情绪。在生活中缺乏父母的爱意和关怀，他们的性格往往更为敏感内向，负面情绪和迷茫感也难以向身边人表达，一旦爆发便有可能是无法控制的悲剧。[1]

那么如果父母带着孩子一起去城市打拼，给予孩子更多的关怀，能不能解决问题呢？

很可惜，现有的实证研究认为，跟随父母从农村到城市的流动青少年依然比城市同龄人更容易实施犯罪。事实上，流动未成年人无论是对父母和学校的依恋、教育的获得、课外活动的参与度，还是对城市社会规则的敬畏程度皆处于较低水平。[2] 这意味着，未成年人犯罪问题不仅仅是个人品行低劣或是家庭父母管教不足就可以简单解释的。现实中由于户口、教育资源等限制，这些随着父母四处漂泊的年轻人无法真正地融入城市社会、建立社会纽带。这也提醒我们，未成年犯罪并不仅仅是个人的道德或家庭的原因所致，也不能仅仅通过排斥和疏远便从根本上解决，而是需要我们全社会一

---

[1] 申乙婷.城镇化背景下农村青少年犯罪及其治理[D].南京：南京农业大学，2019.

[2] 沈吟徽，钟华，刘环宇.农村到城市的迁移与中国城市青少年犯罪问题研究——以社会控制为视角[J].青少年犯罪问题，2018（6）：101-114.

起去面对的社会现象。

◎外来务工人员子女犯罪问题不容忽视

外来务工人员子女的犯罪主要给社会带来了以下几个方面的危害：第一，这部分未成年人犯罪后取证难，定罪更难。外来务工人员文化程度较低，法律意识相对薄弱，因此在面对警方调查时，他们往往会因为担心孩子受到伤害，出现不愿意配合调查、欺骗和隐瞒等情况，这就给警方办案增加了困难，造成定罪难度加大的情形。第二，外来务工人员未成年子女的犯罪行为造成的财产损失大，且追赃很难。一些未成年人在盗取财物后，会故意将电视机、监控等物品砸坏，有意破坏现场，给被害人造成巨大损失。而且，这些赃物可能会以很低价格被卖掉，导致追赃困难。第三，外来务工人员未成年子女教育改造难，再次犯罪率高。据调查，2016年至2019年，金华市"新生代农民工未成年子女"群体二次以上犯罪率达13.5%。[①] 这是由于许多外来务工人员未成年子女不满刑事责任年龄，司法机关无法对他们进行深入的改造教化；回到家后，由于他们通常处于失管的真空状态，也导致其重复犯罪概率增加。久而久之，未成年人出现了一种心理，即就算被抓住了，家长和公安机关也不会对其有太严厉的惩罚，作案就越来越肆无忌惮。

---

① 范恩平."新生代农民工未成年子女"违法犯罪特点及对策研究——基于浙江省金华市相关情况调查[D].武汉：华中师范大学，2022.

◎**女性未成年人犯罪比重攀升**

女性未成年人的犯罪比例呈现逐年上升趋势。20世纪80年代以前，违法犯罪的男性比例高于女性，为100∶1，近年来，男性、女性未成年犯比例已经超过10∶1。[①] 女性未成年犯与男性未成年犯犯罪类型相似，主要有吸毒、投毒、卖淫、抢劫、纵火、故意伤人、杀人等。总结发现，女性未成年人犯罪主要有以下几个特点。

一是男性化。未成年女性故意杀人、聚众斗殴、强制猥亵侮辱妇女、强迫卖淫等暴力、涉黄涉毒型犯罪呈现出逐年增长的趋势。并且，大部分案件都是经过精心策划的，作案手法也更趋近于男性，反映出女性未成年人犯罪呈男性化趋势。过去，由于男女两性之间存在的一些生理差异，女性会被认为更加柔弱。这样的一些刻板印象使某些女性认为自己受到了束缚，不能与男性展开正常竞争。但是当一些女性未成年人在被伤害或者尝试过犯罪行为之后，会开始模仿男性，一方面是想同男性斗争来保卫自己的权利，另一方面是觉得像男性那样实施犯罪，能够使自己看起来更厉害。所以一些女性未成年人会主动模仿过去只有男性参与的犯罪行为和使用的犯罪手段。

二是犯罪呈团伙性且多为从犯。女性未成年犯团伙作案的比例较大。大部分案件中，未成年女性会与其他成年人或未成

---

① 张梓鹏. 当前我国未成年人犯罪的新特点和预防措施研究[D]. 天津：天津大学，2014.

年男性组成作案团伙，女性未成年犯很少自己组织犯罪，往往是被组织利用作为辅助犯罪的手段或工具。在一些犯罪团伙中，女性往往可以发挥特殊作用，通过"性角色"扮演协助作案，以此来提高组织犯罪的成功率。这是因为未成年女性看上去比较稚嫩，在充当"色诱"角色时，容易让人放下戒备。

三是女性未成年犯多在自暴自弃念头下展开犯罪。未成年女性往往易受网上的一些拜金、炫富思想的影响，产生对物质追求的强烈渴望及较强的虚荣心。当她们的欲望越来越强，以至于无法通过合法手段得到满足时，犯罪风险就出现了。不正确的价值观往往会诱导她们选择快速的方式获取物质。另外，未成年女性处于青春期，往往敏感细腻，在刚实施轻微不良行为被评价为"坏女孩"时，她们可能会产生自卑心理，情绪崩溃，最终在自暴自弃状态下开始实施更加严重的犯罪行为。

四是因感情纠纷导致犯罪现象突出。青春期女性正处于一个性激素分泌旺盛的时期，容易陷入一段感情难以自拔。当她们得不到自己想要的感情后，可能会产生报复心理。部分未成年女性还会因为争抢男友等感情纠纷对竞争者采取暴力行为，如进行群殴或者采用脱衣服拍裸照等方式对被害人进行侮辱猥亵。

五是部分未成年女性由被害人转化为犯罪人。未成年女性的身份转变在性犯罪和暴力犯罪中尤其突出。在性犯罪中，一部分未成年女性在童年时反复遭到性虐待后，自尊感下降，发展出一种扭曲的性观念，于是自己开始实施性犯罪。还有一部分未成年女性可能被诱骗失贞，事后她们由于法律意识薄弱，不敢也不知道如何寻求法律援助，同时又觉得自己已经无法回到之前的生活，最后决定帮助他人实施犯罪。在暴力犯罪中，许多未成年女性长期遭受家暴、欺凌等暴力侵害，产生愤怒、怨恨等负面消极情绪，形成了冲动、偏执的人格，最后在一些外界不良刺激的诱导下，开始实施犯罪。因此，一些原本的受害者，由于没有得到及时的法律援助和心理疏解，最后变成了犯罪人。

2. 未成年人犯罪的隐私保护

隐私权，作为"隐私"在法律意义上的体现，是近现代社会和法治发展的产物。自然事实层面的个人私生活属于隐私，法律层面上的个人私生活属于隐私权。[1] 它是现代人作为独立个体所保有的私人领域，免受政治领域及社会领域等公共领域的干涉。这里的个人既指一般公众，又包括作为刑事诉讼当事人的犯罪嫌疑人、被害人、被告人等。[2] 未成年人犯罪案件有其特殊性，除了公众享有的基本隐私权，对未成年人的处置还需考虑其回归社会的可能性，这同样符合我国对未成年罪犯的保护

---

[1] 杨开湘．刑事诉讼与隐私权保护的关系研究［M］．北京：中国法制出版社，2006：27．

[2] 涂欣筠．多元视角下刑事诉讼当事人的隐私权保护［J］．中国政法大学学报，2021（6）：260．

方针。未成年人的隐私内容主要包含身份信息及案件经过。在刑事司法活动（立案、侦查、起诉、审判、执行等）的全过程中，均涉及未成年人隐私保护的问题。

（1）身份信息

身份信息属于未成年人罪犯的隐私权范围，应当予以保护。禁止披露未成年人罪犯的身份信息是未成年人保护与少年司法的一项重要国际准则。联合国第96次全体会议于1985年11月通过的《联合国少年司法最低限度标准规则》（也称《北京规则》）第八条规定："应在各个阶段尊重少年犯享有隐私的权利，以避免由于不适当的宣传或加以点名而对其造成伤害。原则上不应公布可能会导致使人认出某一少年犯的资料。"尽管上述规则没有明确将"传播媒介"列为限制公开未成年犯资料的主体，但由于媒体是信息传播的最主要平台，这一限制性规定实际上将媒体作为主要的规制对象。① 因此，各个国家所制定的关于未成年人的法律常将限制披露未成年人犯罪案件信息作为媒体从业人员的一项重要职业守则，也是新闻自由的一种例外。

我国同样如此。1991年9月全国人大常委会通过的《未成年人保护法》首次将《北京规则》关于不应公布可能会导致使人认出某一少年犯资料的要求转化为我国国内法的规定，并且明确将媒体作为主要的规制对象。除了明确要求"任何组织和

---

① 姚建龙.论披露未成年罪犯身份信息之法律禁止［J］.华东政法大学学报，2007（6）：59.

个人不得披露未成年人的个人隐私"之外,该法第四十二条第二款进一步规定:"对未成年人犯罪案件,在判决前,新闻报道、影视节目、公开出版物不得披露该未成年人的姓名、住所、照片及可能推断出该未成年人的资料。"2006年12月全国人大常委会通过了修订后的《未成年人保护法》,该法第五十八条规定:"对未成年人犯罪案件,新闻报道、影视节目、公开出版物、网络等不得披露该未成年人的姓名、住所、照片、图像以及可能推断出该未成年人的资料。"①新修订的法条有两个主要变动:①取消了"判决前"这一披露时间节点的限制,将时间扩展到了未成年涉罪后的全流程;②增加了"网络"这一新兴传播途径。2024年修正的《中华人民共和国未成年人保护法》第一百零三条也指出,相关部门、组织和个人不得披露有关案件中未成年人的姓名、影像、住所、就读学校以及其他可能识别出其身份的信息,强调对未成年人隐私的保护。这些法律规定均保护了未成年人的隐私权,尽量减少其身心健康可能遭受的伤害。

（2）犯罪经过

除了身份信息,犯罪经过也需要受到保护,包括立案起诉、案件审理、判决结果等信息是否公开。

《公安机关办理刑事案件程序规定》第三百一十八条规定,公安机关办理未成年人刑事案件,应当保障未成年人行使其诉

---

① 姚建龙.论披露未成年罪犯身份信息之法律禁止［J］.华东政法大学学报,2007（6）：61.

讼权利并得到法律帮助,依法保护未成年人的名誉和隐私,尊重其人格尊严。由此可以明确看出公安机关是承认和保护未成年人的隐私权的。第三百二十八条"对被羁押的未成年人应当与成年人分别关押、分别管理、分别教育,并根据其生理和心理特点在生活和学习方面给予照顾"的规定更是从具体内容上加以约束,将未成年人和成年人分开,除了防止未成年人在羁押的过程中被成年犯罪嫌疑人"言传身教"带坏,客观上也起到了防止羁押的未成年人身份被羁押的成年人知晓的作用。公安机关与检察院在颁布的文件中也都有讯问或询问女性未成年犯罪嫌疑人、女性未成年被害人、女性证人有女工作人员在场的规定,也是为了更好地保护未成年人的隐私,特别是一些涉及女性未成年人性犯罪相关的内容。①

公安机关和检察机关对涉案未成年人在侦查起诉的过程中采取分案处理的原则,这是对未成年犯罪嫌疑人、被告人特殊保护的具体要求,可以有效减轻强制措施固有的缺陷,进而挽救与教育未成年犯罪嫌疑人、被告人,保障其回归社会的顺利与成功。同时,使进入诉讼阶段的未成年人尽可能地免受来自成年犯罪人的不良影响,将未成年人与除司法人员外的人隔离开来,将被采取拘留、逮捕等强制措施的未成年人与成年人分

---

① 岳阳.浅议刑事司法活动中未成年人隐私保护[J].北京政法职业学院学报,2016(2):85.

别关押、分别管理和分别教育,^① 在有效防止其再次犯罪的同时更好地防止涉案未成年人的信息暴露。将涉案未成年人的身份信息严格控制在有限的空间里,可以更好地维护未成年犯罪嫌疑人、未成年被害人的利益,促使其能早日且顺利地回归社会,开始新的人生。[②]

在审判过程中,未成年人涉罪的案件也不予公开审理。《刑事诉讼法》第二百八十五条规定:"审判的时候被告人不满十八周岁的案件,不公开审理。但是,经未成年被告人及其法定代理人同意,未成年被告人所在学校和未成年人保护组织可以派代表到场。"《刑事诉讼法》的司法解释还补充说明了:"不公开审理的案件,任何人不得旁听,但具有刑事诉讼法第二百八十五条规定情形的除外。"[③] 由此可见,我国对于涉及当事人隐私的案件采取"绝对不公开审理"与"依当事人申请不公开审理"相结合的方式,"有关个人隐私的案件"和"审判时被告人不满十八周岁的案件"属于绝对不公开的范畴。对未成年人案件不公开审理的理由不仅在于对隐私权的保护,其理论基础还包括国家亲权观念和未成年人利益最大化原则。国家亲权

[①] 赵秉志,王鹏祥.论新刑事诉讼法对未成年人刑事诉讼制度的完善[J].预防青少年犯罪研究,2012(5):42.

[②] 岳阳.浅议刑事司法活动中未成年人隐私保护[J].北京政法职业学院学报,2016(2):85.

[③] 涂欣筠.多元视角下刑事诉讼当事人的隐私权保护[J].中国政法大学学报,2021(6):268.

观念和未成年人利益最大化原则要求在审判不公开的原则之下，国家公权力能够帮助未成年人实现利益最大化。[1]

除此之外，在侦查、审查起诉和审理过程中形成的与该犯罪嫌疑人、被告人有关的各种材料，均不能以任何形式予以公开。[2]无论是裁判文书的公开，还是刑罚执行过程中提请减刑建议书、提请假释建议书等其他文书的公开，均应将对犯罪嫌疑人、被告人和罪犯的隐私权保护考虑在内。随着信息技术的进一步发展，2016年10月最新修订的《最高人民法院关于人民法院在互联网公布裁判文书的规定》规定，未成年人犯罪的裁判文书同样不能在互联网上进行公开。[3]个人隐私强调权利人的自决和控制，犯罪记录公开难免构成对个人隐私的侵犯。根据《刑事诉讼法》第二百八十六条规定，犯罪的时候不满十八周岁，被判处五年有期徒刑以下刑罚的，应当对相关犯罪记录予以封存。被封存的犯罪记录不得提供给任何单位和个人，但是司法机关为办案需要或者有关单位根据国家规定进行查询的除外。即使是依法进行查询的单位，同样应当对被封存的犯罪记录的内容予以保密。除了封存犯罪记录，符合一定条件的未成年罪

---

[1] 涂欣筠.多元视角下刑事诉讼当事人的隐私权保护[J].中国政法大学学报，2021（6）：269.

[2] 涂欣筠.多元视角下刑事诉讼当事人的隐私权保护[J].中国政法大学学报，2021（6）：266.

[3] 涂欣筠.多元视角下刑事诉讼当事人的隐私权保护[J].中国政法大学学报，2021（6）：271.

犯可以免除前科报告。《刑法》第一百条规定："依法受过刑事处罚的人，在入伍、就业的时候，应当如实向有关单位报告自己曾受过刑事处罚，不得隐瞒。犯罪的时候不满十八周岁被判处五年有期徒刑以下刑罚的人，免除前款规定的报告义务。"

3. 未成年人犯罪的矫正制度

我们已经知道，刑法上对于未成年人犯罪有着特殊的规范，那在刑法以外，我们面对未成年人犯罪有什么特殊的处理模式呢？

长期以来，学界研究都具备这么一个共识：通过把未成年人犯罪动机与成年人犯罪动机作对比之后发现，未成年人犯罪动机的反社会性远不如成年人成熟。[①]未成年人实施犯罪行为往往是冲动的，并没有经过深思熟虑，犯罪动机在受到不同的外界环境刺激后容易出现转化。因此，对未成年犯罪人的处罚不能同对待成年犯罪人一样。对于成年犯罪人而言，其承担刑事责任的主要方式应当是刑罚，通过对权利的限制或剥夺以及由此产生的痛苦体验来防止其再犯。而对于未成年罪犯而言，其社会化过程尚未完成，还没有形成稳定的人生观、价值观、世界观，往往正处于个人成长过程中的特殊且关键的时期。历

[①] 张远煌.犯罪学原理[M].北京：法律出版社，2008.

史的经验证明,对他们进行健康向上的引导与教育,动之以情、晓之以理,让他们明白是非善恶和道德价值,能够在很大程度上打消他们再犯的动机。相反,正是因为未成年人的心智尚处于不稳定时期,好奇心和模仿能力比较强,使得他们的人格可塑性比较大,很容易受周围环境的影响。如果把他们与成年犯罪人共同关押,那他们便很容易与成熟的犯罪人"同流合污",甚至在刑满释放后再犯罪的犯罪手段、作案方法往往更加老练、恶劣。[1]

所以,我国《未成年犯管教所管理规定》明确规定了对未成年人的刑罚执行应当与成年犯罪人进行分离,这是由未成年人身心的特殊性所决定的。即便未成年人进入监狱服刑,也依然必须坚持教育性原则,充分保障未成年人的特殊法律地位与未被依法剥夺的合法权益。《未成年犯管教所管理规定》第四条明确指出:"对未成年犯的改造,应当根据其生理、心理、行为特点,以教育为主,坚持因人施教、以理服人、形式多样的教育改造方式;实行依法、科学、文明、直接管理。未成年犯的劳动,应当以学习、掌握技能为主。"保障未成年人在服刑期间学习必要的文化知识和职业技能,是为了帮助他们完成社会化过程,让他们在刑期结束后能够积极地回归社会,重新成为建设国家的栋梁。

---

[1] 丁青青,窦长友.恢复性司法与未成年人刑事司法制度的完善[J].中国检察官,2016(9):3.

而针对恶劣程度较低、违法犯罪行为较轻的未成年罪犯而言，我国也采用社区矫正制度来帮助他们重回正轨。《社区矫正法》第七章为未成年人的社区矫正作出了特别规定，其第五十二条规定："社区矫正机构应当根据未成年社区矫正对象的年龄、心理特点、发育需要、成长经历、犯罪原因、家庭监护教育条件等情况，采取针对性的矫正措施。

"社区矫正机构为未成年社区矫正对象确定矫正小组，应当吸收熟悉未成年人身心特点的人员参加……"

在实践过程中，具体的落实措施包括：

（1）特定矫正小组监督未成年犯教育改造过程；

（2）若离开居所地需报批，方便监督管理；

（3）禁止令（指法庭下达的禁止当事人实施某种行为的指令）和电子定位装置（手机定位，电子手铐等）；

（4）教育帮扶措施（实施集中教育与个别教育、分段教育与分类教育、心理矫治与行为矫治、社会教育与自我教育"四结合"教育机制，推行分类、分段、分级、分片、分层"五分"监管教育机制）；

（5）社区服务令：社区服务令是要求违法者在12个月内从事不超过240个小时（视乎法庭判决）的无薪社会服务工作。[1]

我们的国家和社会一直在尽最大的努力挽救那些踏入歧路的未成年人，这既体现出了对未成年人的特殊关怀和包容，也

---

[1] 张炜琳.论未成年人刑罚的特殊性［D］.重庆：西南政法大学，2014.

彰显了我们国家治理未成年人犯罪、挽救祖国花朵的坚定决心。

小　结

在当今的时代背景下，未成年人犯罪呈现出了新的时代特征。实施犯罪的未成年人数量并未如想象的那样继续攀升，表现出略微降低的趋势，而实施犯罪的未成年人年龄有着低龄化的显著趋势。女性未成年人实施犯罪的比例正逐年上升，团伙作案更是未成年人犯罪的主要形式。智能机械、电子科技也被未成年人应用于犯罪行为之中，犯罪手段呈现出智能化的新特点。从犯罪类型来看，暴力犯罪的比例有所下降，但不容小觑的是，犯罪的凶残程度在不断提高。现如今的未成年人犯罪不再大量集中于情绪化的激情犯罪，预谋性的未成年人犯罪不断增多，未成年人的早熟心理应得到重视。同时，特殊的未成年人群体也对犯罪起到了预测作用，留守的未成年人因父母管教的缺失、关爱的匮乏，心理健康存在诸多问题，为做出犯罪行为留下了隐患。

目前，我国刑法对未成年罪犯持相对"宽容与厚爱"的态度，但免除刑罚的人数正逐渐减少，体现出司法制度的"不纵容"。结合当下未成年人的身心发展规律与特点，我国刑法将刑事责任年龄进行下调，符合社会的需要。对于未成年罪犯，我国始终坚持保护和教育并行，加强对他们的隐私保护，同时采取因人施教、以理服人、形式多样的教育改造方式，尽力挽救每一个陷入泥潭的祖国花朵。

第四章 未成年人重新犯罪问题研究

随着我国法治建设水平和社会文明程度的不断提高,未成年人重新犯罪的问题得到了社会各界的广泛关注。未成年人重新犯罪是指被处以刑事处罚或行政处罚后的未成年人再次犯罪。未成年人重新犯罪率的高低是检验社会对未成年罪犯矫正、教育、改造质量的重要指标。近年来,我国未成年人的总体再犯比例呈现上升趋势,个别地区甚至出现未成年人"三进宫""多进宫"乃至屡教不改的现象。这不仅仅是未成年罪犯这一群体自身的问题,更折射出诸多深层次的社会问题。因此,加强对未成年人重新犯罪问题的研究值得我们高度重视,如何让未成年罪犯更好地重塑自我、回归社会,以阳光积极的心态面对未来,已成为一个严峻的课题。

1. 未成年人重新犯罪的基本特点

当前，学界和实务部门对未成年人初犯问题重视程度和研究深度高于重新犯罪。但与初犯相比，未成年人重新犯罪除具备与之类似的一般特征外，还有个体和社会更不可忽视的原因，并且无论是对个人、家庭还是社会都具有更大的危害性。同时，要想有的放矢地做好未成年人重新犯罪的预防工作，就必须对其基本规律和特点进行梳理分析。

◎未成年人重新犯罪的人口学特征

从以往各地的调查结果来看，未成年人重新犯罪群体在人口学上总体呈现出以男性为主、文化较低、年龄偏小三大特征。首先，重新犯罪的未成年人男性占绝大多数。其次，在年龄上，初犯年龄越小越可能重新犯罪。从年龄分布上也可得出，重新犯罪的未成年人普遍文化水平停留在小学和初中阶段。

◎未成年人重新犯罪的类型特征

未成年人重新犯罪的类型主要以抢劫、盗窃等侵犯财产类犯罪为主，且重新犯罪与初犯同罪的比例较高。绝大多数未成年人尚处于经济未能独立的阶段，家庭是其唯一的经济来源。当家庭给予的经济条件无法满足其自身物质享受欲望时，其就可能产生违法犯罪的动机。并且，未成年人的重新犯罪相较于其首次犯罪，随着年龄和社会阅历的增长，越来越呈现团伙式的作案形态，逐渐变得复杂化、精细化，其反侦查和团队协作能力也在不断提升；再次犯罪时，其主观恶性相较于初次犯罪也大大提升。

◎未成年人重新犯罪的周期特征

短刑期人员重新走上违法犯罪之路的比例较高，且在出狱后3年内重新犯罪的比例较高。这些未成年人在出狱后可能被主流社会"排斥"，继续在社会亚文化或不良环境中寻求归属感，并因初次刑期较短而很快忘记犯罪带来的后果而再次犯罪。

2. 未成年人重新犯罪的主要因素

为何经历过刑罚惩戒的未成年人会选择再次犯罪？如果说未成年人首次犯罪还有部分是偶发性或情境性的激情行为，那么其重新犯罪的主要原因大概只能归结于个体本身以及所处的环境出现了问题。除了和首次犯罪相同的原因，还有哪些特殊因素会导致未成年人重新犯罪呢？

◎生物因素：与生俱来的犯罪潜质

司法实践部门的调查发现，那些多次犯罪的未成年人在性格特点、行为方式和情绪反应上和一般罪犯可能存在较大差异。有研究通过对青少年犯罪数据的分析发现，未成年人的犯罪有两种类型：一类是在进入青春期时，暂时加入了不良行为队伍，这类人被定义为限于青春期型；而另一类的不良行为则具有跨年龄和跨情景的一致性，如幼年打其他小朋友、青少年偷东西和逃学、成年后抢劫等，这类人被定义为终身持续型，他们可能具有冷酷无情、疏远、冲动性等精神病态症状。大量研究也发现，部分重新犯罪的未成年人可能存在人格、品行或精神障碍。一般而言，有以下几种障碍的未成年人更可能出现重新犯罪的现象：

一是注意缺陷多动症。注意缺陷多动症（Attention Deficit Hyperactivity Disorder，ADHD）是一种常见于儿童期的精神障碍，但其也可能持续到青少年乃至成年阶段，症状表现为难以集中注意力、难以控制行为及活动过度等。美国《精神障碍诊断与统计手册（第五版）》（*DSM-5*）从症状学、病程等角度规范了ADHD的诊断（如表4-1所示）。未成年人中的注意缺陷多动症患者更可能表现出明显的学业成绩下降、学校表现变差，也更可能遭遇社会排斥和出现反社会人格，从而违背社会规则，走上反复犯罪的道路。

表4-1 《精神障碍诊断与统计手册(第五版)》(DSM-5)对ADHD的诊断

A1：注意障碍症状	举例
a. 经常在学习、工作或其他活动中难以在细节上集中注意力或犯粗心大意的错误	忽视或注意不到细节、工作粗枝大叶（算错写错、漏题、漏页）
b. 经常在学习、工作或娱乐活动中难以保持注意力集中	在演讲、谈话和长时间阅读时难以保持注意力集中
c. 经常在与他人谈话时显得心不在焉、似听非听	思绪似乎在其他地方，即使没有任何明显分散注意力的事物（跟他说话时好像没有在听，但问起来能听到一些）
d. 经常不能按要求完成作业、家务及工作任务	开始任务但很快失去注意力，并容易分心（磨蹭、偷工减料，因为觉得痛苦想回避）
e. 经常难以有条理地安排任务和活动	难以管理顺序性任务；难以有序保管资料或物品；做事凌乱、无序；糟糕的时间管理；很难如期完成任务（桌面、抽屉乱七八糟）
f. 经常不愿或回避进行需要持续动脑筋的任务	不愿或回避完成学校作业或家庭作业，对较大青少年和成年人则为准备报告、完成表格、审阅较长文章
g. 经常丢失学习和活动的必需品	经常丢失学习资料、铅笔、书、钱包、钥匙、文书工作、眼镜、手机
h. 经常因外界刺激而容易分心	此症状对较大青少年和成年人，可包括无关思维
i. 经常在日常生活中健忘	表现在做杂务、跑腿时；对较大青少年和成年人为回电话、付账单或准时赴约困难

续表

A2：多动与冲动症状	举例
a. 经常坐立不安，手脚不停地拍打、扭动	无
b. 经常在应该坐着的时候离开座位	在教室、办公室的地方或其他工作场所离开位置
c. 经常在不适宜的场合中跑来跑去、爬上爬下	注意：青少年或成年人，可能只有坐立不安的感受
d. 经常很难安静地参加游戏或课余活动	无
e. 经常一刻不停地活动，犹如被马达驱动一样	在长时间内很难安静或感到不舒适，如在餐馆、会议中，可能感到烦躁或很难跟上
f. 经常讲话过多、喋喋不休	无
g. 经常在问题尚未问完时就抢着回答	接别人的话，抢着对话
h. 经常难以耐心等候	排队没有耐心
i. 经常打断或侵扰别人	插入谈话、游戏或活动；可能未询问或得到别人允许就开始用别人的东西；对青少年和成年人为可能侵扰或接管别人正在做的事情

二是品行障碍。品行障碍（Conduct Disorder, CD）是指未成年人反复出现持久的违反与年龄相适应的社会规范和道德准则，侵犯他人或公众利益的一类行为障碍，主要表现为说谎、逃学、打架、破坏行为、攻击他人、偷窃、欺诈等品行问题。品行障碍具有以下特征：①反复持续出现；②在严重程度和持续

时间上超过儿童所允许的变化范围；③适应社会困难；④并非由于躯体疾病或精神疾病所引起；⑤与家庭教育、社会环境关系密切。手册指出品行障碍是一种侵犯他人的基本权利或违反与年龄匹配的主要社会规范或规则的反复的、持续的行为模式，其诊断标准为："A. 在过去的12个月内，表现为下列任意类别的15项标准中的至少3项，且在过去的6个月内存在下列标准中的至少1项（见表4-2）；B. 此行为障碍在社交、学业或职业功能方面引起有临床意义的损害。C. 如果个体的年龄为18岁或以上，则不符合反社会型人格障碍的诊断标准。"此外还需关注其是否伴有有限的亲社会情感、缺乏悔意或内疚、冷酷—缺乏共情、不关心表现、情感表浅或缺乏。患有品行障碍的未成年人，其主要的表现形式就是对他人权利的侵犯和对外部规范的违反，若未能对其进行有效的识别和矫治，其极有可能进行多次违法犯罪行为。

表4-2 《精神障碍诊断与统计手册（第五版）》（DSM-5）对CD的诊断

维度	针对内容
攻击人和动物	1. 经常欺负、威胁或恐吓他人 2. 经常挑起打架 3. 曾对他人使用可能引起严重躯体伤害的武器（如棍棒、砖块、破碎的瓶子、刀、枪） 4. 曾残忍地伤害他人 5. 曾残忍地伤害动物 6. 曾当着受害者的面夺取（如抢劫、抢包、敲诈、持械抢劫） 7. 曾强迫他人与自己发生性行为

续表

维度	针对内容
破坏财产	8. 曾故意纵火企图造成严重损失 9. 曾蓄意破坏他人财产（不包括纵火）
欺诈或盗窃	10. 曾破门闯入他人的房屋、建筑或汽车 11. 经常说谎以获得物品或好处或规避责任（"哄骗"他人） 12. 曾盗窃之前的物品，但没有当着受害者的面（例如，入店行窃，但没有破门而入；伪造）
严重违反规则	13. 尽管服务禁止，仍经常夜不归宿，在13岁之前开始 14. 生活在父母或父母的代理人家里时，曾至少2次离开家在外过夜，或曾1次长时间不回家 15. 在13岁之前开始经常逃学

三是对立违抗性障碍。对立违抗性障碍（Oppositional Defiant Disorder，ODD）患病率一般在10%。ODD发病一般在8岁以前，最迟不超过青春期早期。青春期前男高于女，青春期男女比例相似或女略低于男。其诊断标准为出现以下任意类别中至少4项症状为证据，持续至少6个月，并表现在与至少1个非同胞个体的互动中。患有对立违抗性障碍的未成年人往往易与周围人发生冲突，不善于处理人际关系，表现出在社交、学业、工作和家庭方面的功能显著受损，最终可能诱发其对家庭、社会的埋怨与仇恨，从而反复发生犯罪行为。

◎认知因素：无法正确看待犯罪行为

前文已谈到，年龄越小、文化水平越低的未成年人罪犯出狱后越可能再次走上犯罪的道路。这是由于这部分未成年人童年时早期家庭教育就缺失，社会化程度较低，缺乏正确引导，身心极不成熟。这些导致他们认知能力十分低下，对回归社会后如何重新融入社会集体及处理各种社会关系不知所措，容易再次触碰法律底线。未成年人认知能力的缺乏主要体现在以下三个方面：

一是自我认知不够充分。重新犯罪的未成年人往往会高估自己、眼高手低，有较高的物质欲望但缺乏合理合法的制度性手段或资源去获得物质财富。他们大多遵循本我的快乐原则，好逸恶劳、不思进取、贪图享乐，做事以自我为中心，把自己的利益看得高于一切。许多重新犯罪的未成年人可能因家庭经济原因较早地失去了和同龄人同等学习和就业的机会，心智不成熟的他们会产生明显的相对剥夺感，感到社会不公从而充满仇恨，而初次犯罪后所获得的财物可以使他们享乐一段时间，获得不劳而获的喜悦感，并平衡这些机会失去所带来的不公正感。这为他们重新犯罪提供了心理动力，也是未成年人重新犯罪的类型大多是财产型犯罪的重要原因。

二是对是非曲直缺乏判断。重新犯罪的未成年人往往是在经历了"失败"的监狱矫治后，仍然发自内心地认可过往扭曲的价值观。他们由于自身认知能力不足、抽象思维和逻辑思维能力不强，看待问题往往只能看到表象，且十分情绪化、极端化，思想较为偏激。在交友方面往往考虑得较为肤浅，认为在一起吃喝玩乐就是朋友，讲"哥们儿义气"就是友情，甚至最高的交友法则体现为可以"为兄弟两肋插刀、以身试法"。这些未成年人聚集在一起拉帮结派,模仿影视剧中的情节,结拜兄弟、组建帮派、订立帮规,甚至抢夺地盘、寻衅滋事,而一些人员犯罪被释放后,又难以脱离帮派关系,被重新拉拢,继续犯罪。

三是法律意识十分淡薄。众多关于未成年人重新犯罪的调查都发现了一个"令人惊讶"的事实,那就是他们对于自己的违法乱纪行为似乎"不屑一顾"。一方面,他们对自己所犯罪行带来的社会危害没有清晰的认识,甚至不认为自己做出了伤害他人或社会的事情。这主要是由于其是非观念不清、法律意识淡薄所致。另一方面,他们缺少对规则、法律的敬畏感和对刑罚的畏惧感。加之我国法律在对待未成年人犯罪的量刑考虑上,更多是以保护和矫治为目的,对他们尽量酌情采用的是非监禁刑罚,导致部分未成年人更加"有恃无恐",误以为只要自己未成年,所遭受的刑罚就不会十分严厉,即便违法乱纪也照样可以回家,而不会被关进监狱。初次犯罪后无法认识到犯罪给自己的人生和社会带来的不良影响,将法律的保护当作对自己错误的纵容,是典型的法律意识淡薄的表现。

◎环境因素:多重因素造成恶性循环

重新犯罪的未成年人往往从小就被周围的人视为"问题少年",他们就像长歪了的树苗,可能有先天"种子"的原因,但后天土壤和空气的原因也不可忽视。从心理学角度来看,这就是我们常常提起的教养因素。"教养"一词包含了"教"和"养"两个内容,"教"强调的是教育,包括家庭、学校及社会的教育,而"养"更强调养育环境,幼年时期是原生家庭的养育环境,青年时期学校氛围、班级氛围、同伴关系也加入了大的养育环境,步入社会后其所处的工作环境、同伴环境同样可以纳入养育环境的概念中。对于一名未成年人来说,是否会反复地犯同样的错误,后天的"教养"因素起到了至关重要的作用。当他们初次犯罪重返所处的环境时,家庭、学校和社会所共同构建的恶劣环境会像从深渊中伸出的魔爪,将刚刚走出深渊的未成年人再次拉回深渊之中。

一是冰冷的家庭将他们不断推远。冰冷的家庭是未成年人重新走上犯罪之路的重要原因。以往研究发现,来自家庭成员感情不好、家庭成员并未共同生活等不完整、不和谐家庭的未成年人更容易重新走上犯罪之路。家庭结构、家庭关系是影响未成年人犯罪的重要因素;不完整的家庭结构(如父母离异、父母去世等)使得家庭无法给予未成年人完整的爱,不健康的家庭关系(如父母吵架、父母打架、父母回避问题等)使得未成年人对家庭产生排斥、对爱产生恐惧;同时,不完整、不健康的家庭也无法更好地教育未成年人。试想一个父母整日赌博、游手好闲的家庭如何能管教和约束孩子呢?未成年人学习、成长的主要方式之一就是模仿,而父母就是孩子成长路上最初的"榜样",父母做出什么样的行为,孩子就会模仿、学习什么样的行为。已经犯过罪、在人生路上遭受了重大挫折的未成年人对这样的家庭一定是排斥的，甚至不排除其初犯就是出于对家庭或者父母的报复。同时，恶劣的家庭环境也同样可能"不欢迎"他们的回归，将他们重新推到其他不良群体中去。

当然，经济条件问题也并非整个循环的开端，更多的是与父母关系的相互作用下共同影响了整个家庭环境。父母关系和谐，其对于孩子的教养问题更容易保持一致性，教养方式也更加科学、合理。对于孩子来说，温暖的家庭环境是其核心诉求。对于未成年犯来说，其先前因为一些原因走上了错误的道路，如果家庭在这个时候能够给予其温暖、将其拉回来，那么其就更容易走回正轨，但如果父母在这个时候仍然用打骂方式来解决问题，必然会将孩子越推越远。

二是糟糕的学校氛围将他们再次拉入泥沼。学校是孩子的第二个家，更是未成年人从家庭到社会的过渡，是其从生活在父母庇佑下到独立生活在社会中的缓冲。目前，未成年犯在被判刑后继续接受教育的地方有三种：一是普通学校，二是工读学校，三是少管所。进入普通学校，未成年犯可能会遭受校园排斥、被孤立，甚至校园霸凌。而工读学校和少管所的学校环境又较为特殊，工读学校收容13岁至17岁的"不良少年"，工读学校按照九年义务教育来设置课程，采用军事化管理模式，要求入学的学生必须寄宿，采用"全员、全程、全覆盖"的"三全"教育模式，而老师们（或教官们）施行24小时、360度的全方位监管。未成年人转化失败，究其原因，主要是在这样的特殊学校中，聚集的都是曾经"犯下过错"的未成年人，部分不知悔改的人员可能会重新聚集在一起，形成比一般学校更加恶劣的校园氛围，使重新犯罪变得更加"容易"。一方面，他们在认知上更加不能正确地看待犯罪行为，反而因为认为大家都这样做过，而减轻了对犯罪的内疚感和罪恶感；另一方面，他们还可通过相互之间"交流经验"而学习到更多的犯罪方法和手段，从而对重新犯罪抱有侥幸心理。

三是难以融入社会导致他们"重操旧业"。未成年犯回归社会生活后，如何重新融入社会，获得正常的生活、学习、工作和社交资源是防止他们"重操旧业"最重要的一步。而现实情况是，这些未成年人想要很好地融入正常的社会生活并不是一件容易的事情。出现融入困境主要有以下原因：

首先，他们可能被周围人"指指点点""评头论足"，甚至在许多时候被区别对待，感觉遭受到了歧视。在这种情况下，一些未成年犯会开始承认自己已有的身份——罪犯或问题少年，不自觉地把自己归为社会的"另类"，并且逐渐接受、内化和认同这种身份。这在心理学上被称为"标签效应"。心理学家贝科尔认为，人们一旦被贴上某种标签，就会成为标签所标定的人。标签效应强调包括司法系统、家庭、学校等环境对未成年人重新犯罪的推动作用，认为社会将一些实施了背离主流社会规范行为的人定义为越轨者或犯罪人，当他们认同、内化了这一负向标签，就会义无反顾地加入越轨或犯罪群体，再次实施犯罪。这一具体的过程分为四步：①未成年人初次犯罪；②给未成年罪犯贴上犯罪标签；③未成年罪犯认同、内化标签内容；

④重新犯罪。这一理论从社会反应的角度解释了刑满释放后的未成年人再次犯罪的过程。在押未成年犯出狱后的最大困惑是被人歧视,民众往往对曾经犯罪经过改造后成为一个全新的、被社会接纳的人存疑,这会对涉世未深的未成年犯造成巨大的打击,并导致一部分未成年犯在服刑无畏观的引导下重新陷入犯罪泥沼。

其次,未成年犯回归社会后,缺少谋生技能、受到社会排斥等原因导致其为了生存继续选择以往的极端谋生方式——靠"犯罪收益"谋生。

最后,还有社会帮教力量不足的原因。社会帮教是指社会各部门、单位以及个人对特定对象进行帮助教育、感化挽救的非处罚性质的社会教育管理活动。我国虽有社会帮扶制度,很多地区组成了帮教团,不定期地对未成年犯进行爱心帮教,但从整体上来看,我国的社会帮教制度存在着以集体帮教为主、帮教流于形式、帮教对象局限于本地区等问题。同时,帮教流于形式实则反映出我国的社会帮教能力不足、方法不够。

3. 预防未成年人重新犯罪的体系建设

如何才能将未成年犯从犯罪的黑暗过去中拯救出来呢?未成年人心智尚未发展成熟,其人生观、价值观及世界观都未完全定型，因此将其拉出深渊，防止其重新走上违法犯罪的老路是切实可行的，也是确保未成年人健康成长和社会总体安全稳定的必由之路。根据未成年人重新犯罪的发生原因，我们认为可以从个人、社会、法律等多方面努力做好预防工作。

◎ **全面了解，健全调查制度**

想要改变一个群体，首先要做到对他们足够了解，这样才能"对症下药"。矫正未成年犯的第一步需要了解未成年犯的成长经历、犯罪原因、所处环境等，这都与社会调查制度有关。我国未成年人的社会调查制度是指在人民法院判决宣告前，由专门机构或人员通过走访未成年犯罪嫌疑人、被告人的监护人、就读学校、同学、社区居民等单位，对未成年人的性格特点及其生活、对社会环境的依存关系进行调查，并对其人身危险性和再犯可能性进行评估，提交人民法院在量刑时参考的制度。其目的是全面了解未成年人、监护人的情况、生活经历和所处环境，了解犯罪成因、认罪悔罪意识，进而选择恰当的刑罚以达到最大限度地保护未成年人及促进其健康成长的目的。

事实上，社会调查制度不仅应该作用于判决前，更应该贯穿其一生，动态监测未成年犯心理发展水平。目前，我国的未成年人社会调查基本上形成了"三个统一"，即接受主体统一、文档材料统一、评估程序统一。主要的调查内容包括未成年人的个性特点、家庭背景情况、案件及其他受处分情况、对犯罪的认识、日常生活及监管条件和评估意见。路琦、席小华等人提出了我国有特色的未成年人社会调查维度与范围，分为犯罪风险因素与犯罪保护性因素两个部分，如图 4-1 所示。

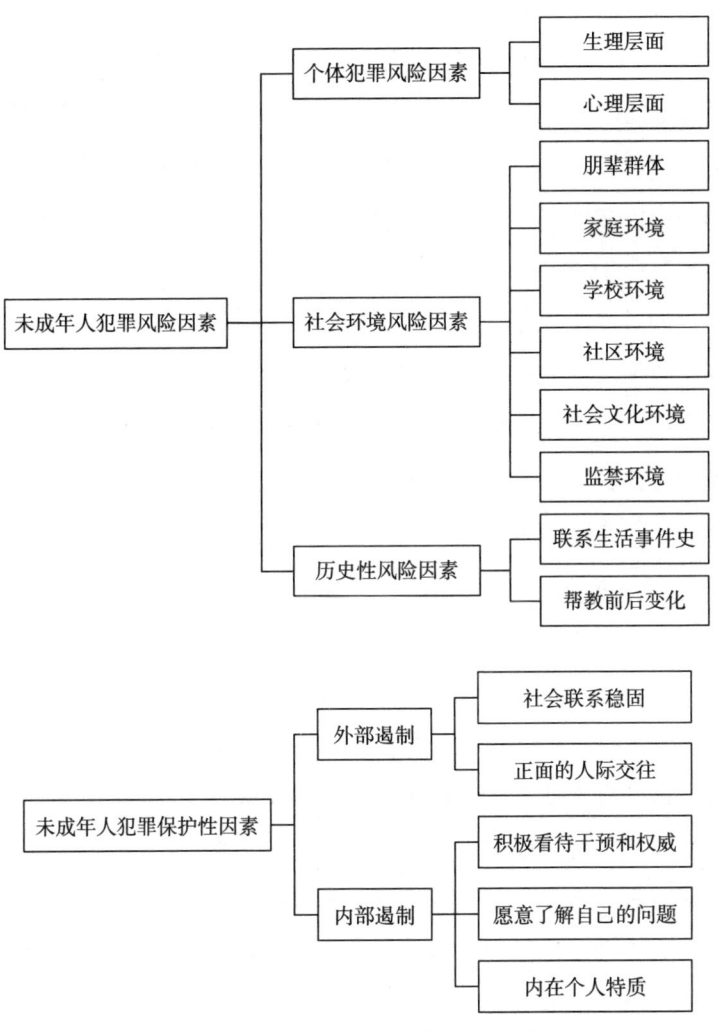

```
未成年人犯罪风险因素
├── 个体犯罪风险因素
│   ├── 生理层面
│   └── 心理层面
├── 社会环境风险因素
│   ├── 朋辈群体
│   ├── 家庭环境
│   ├── 学校环境
│   ├── 社区环境
│   ├── 社会文化环境
│   └── 监禁环境
└── 历史性风险因素
    ├── 联系生活事件史
    └── 帮教前后变化

未成年人犯罪保护性因素
├── 外部遏制
│   ├── 社会联系稳固
│   └── 正面的人际交往
└── 内部遏制
    ├── 积极看待干预和权威
    ├── 愿意了解自己的问题
    └── 内在个人特质
```

图 4-1　未成年人社会调查维度与范围

但社会调查并不止步于资料的收集，还包括资料整理分析及制订相应的帮扶计划。剔除不真实信息，对现有资料进行筛选是资料整理的重要步骤，我们可以通过已有经验和常识、资料内在逻辑、资料之间的比对及资料来源等角度进行判断与筛选。同时，经过上述的整理后，调查员需要经过分析并得到：（1）导致案主犯罪的诱发因素；（2）以上因素如何对案主产生影响（导致犯罪的各类因素如何起作用）；（3）社会调查员及案主可通过哪些方法解决存在的问题。

最后，社会调查员还需要与案主一起制订帮教计划，帮教计划一般包括案主的基本信息、存在的问题及原因、需要达成的工作目标、帮教的基本阶段与方法、时限与帮教时间安排。社会调查员需要根据上述帮教计划，全面介入帮教工作，并通过自评、他评等多种角度评估帮教效果，最终对案主的再犯风险进行评定。

◎心理矫治，重塑健康人格

前文已经提到，有一部分未成年人重新犯罪或反复犯罪的原因是生物、家庭或环境等因素导致其在人格层面出现了偏差，对于这部分未成年人我们更加需要高度关注，因为他们的再犯风险较高，且一般的教育引导可能收效甚微，必须要有专业的心理医生或咨询师对其进行治疗和管控。因此，在社区建立未成年人心理矫治制度、组建专业化的矫治队伍十分关键。开展心理矫治或辅导的工作人员需要具备心理学、社会学、教育学和犯罪学等多学科知识，因工作的专业性较强，建议可由专业的心理咨询机构参与开展。国内学者赵卿提出了对未成年人开展心理矫治工作的一般流程和常用方法[①]：

第一步，做好前期分析。通过社会调查结果全面了解未成年犯的道德品行、性格特点、家庭情况、管教方式、社会环境及本人的认罪和学习态度等，观察并分析未成年犯日常的心理状态和行为方式，做好相关记录。在开展未成年犯的询问工作、安排亲情会、组织日常活动时，要让他们主动表达自己，通过耐心倾听，与他们共情，来帮助他们找到自己的犯罪原因，敢于面对自己的犯罪影响和真实心态，找准其中可能存在的人格障碍和心理疾病因素，积极予以治疗。

第二步，进行心理测试。在开展心理疏导前或心理疏导过程中，视未成年人心理状况，进一步通过心理测试全面了解涉罪未成年人的心理特点和潜在心理困扰，分析他们心理问题的类型，更加科学精确地掌握其悔罪认罪态度、心理弹性、自控能力、人格倾向等内容，找到开展心理治疗的切入点，增强心理矫治的针对性和可操作性。在量表的选择上，目前我国尚无对涉案未成年人的专用量表，可以采用一些国际通用的经典心理学量表，如艾森克人格问卷和SCL—90症状自评量表，这两种量表是目前心理评估应用领域最为广泛的心理测量工具，有国际常模可供参考，具有较好的信度和效度。但要想更加精准

---

① 赵卿.未成年人心理疏导和矫治制度研究［J］.青少年犯罪问题，2015（1）：11.

深入地对他们的心理状态进行评估，建议各一线实务部门可与专业高校或者心理咨询机构合作开发量表，探索本土化的未成年人心理矫治评估量表。

第三步，根据心理测试结果和前期收集的资料制订心理矫治方案，并实施治疗。每次方案的制订都应经过心理咨询师论证、小组讨论和预试等阶段以确保方案的科学性，具体包括以下三个方面的内容：一是对未成年犯自身心理状况的评估，包括认知、情绪情感、意志等因素，以明确犯罪心理和犯罪影响形成的内在原因，了解可能存在的心理问题或心理障碍；二是对可能影响未成年犯心理状况的外部因素进行评估，包括其家庭、学校以及社会交往等信息，以明确其犯罪心理形成的外在原因，为后期开展针对性的心理疏导和治疗提供分析基础；三是对内外部因素的相互作用状况进行评估。评估外部因素是否影响以及如何影响已经形成的内部危险因素。在上述三个方面的基础上，再与其犯罪时的心理状况进行对比和分析，形成对其心理状况的确认。方案制订后，通过心理咨询师及专业社工的辅导、教育，逐步对未成年犯的人格偏差予以矫正，最终为他们构筑积极、正面的人生观和价值观，促进健康人格的再塑造。

第四步，通过建立档案和定期回访等方式开展后期跟踪。心理档案的内容包括在心理评估、咨询、治疗过程中形成的有关未成年犯的所有资料，反映了心理疏导和矫治对象的心理轨迹，对综合分析及预测其未来的行为倾向具有重要意义。因此，建立未成年犯心理档案，对在教育、疏导、治疗过程中出现的问题加以记录、汇总和整理，制订下一阶段适合其心理活动规律、特点的科学矫治计划。同时，应当建立一套回访机制，对未成年犯进行定期（如3年到5年后）回访调查，了解其回归社会后的精神需要和心理动态，为构筑长效的心理矫治机制提供数据支撑和资料保障。

一般而言，目前较为常用的心理矫治方法有：

1. 认知行为疗法。由于未成年犯大多对事物存在错误认识，看待事物容易偏激，很多时候其知识水平不足以帮助他们客观、正面、全面地看待事物。因此，可对其采取改变错误认知的方法来矫正思想观念，使其对自己的行为和情绪形成理性的认识，疏解消极情绪，转变消极认知，从而消除不良的行为习惯，积极培养和发展良好的行为。

2. 精神分析疗法。鼓励未成年犯讲述自己的童年经历、成长环境、兴趣爱好和作案时的心理轨迹与情绪困扰。从中发现其童年生活中经历的困难和创伤及其所产生的影响，挖掘其实施违法犯罪的深层次原因和源头思想，帮助其解决内心矛盾冲突，矫正消极的行为模式。

3. 抑制式矫治法。该方法是用被矫治者自己的良知和外界的刺激来遏制未成年人犯罪动机的形成和发展。例如，通过直接或间接的方法，用典型的反面案例对未成年犯进行教育和引导，使其在外界刺激下产生内心良知的发现或醒悟，再适时用真情和爱心加以帮助和关怀使其产生感恩之情，激发其对社会和家庭的愧疚感，从而自觉地改变反社会的心理，自觉放弃再次犯罪的动机和念头。

4. 移情能力培养法。由于大多数未成年犯在诉讼程序中带有消极抵触情绪，可以通过引导他们自我反省，想象由于自己的犯罪行为给他人和社会带来的沉重伤害，引导其换位思考，体验受害者的痛苦，产生羞愧感，改变其以后的行为来实现心理矫治的目的。

5. 训练式矫治法。训练式矫治法是针对未成年人求知欲和模仿能力强、精力充沛以及注重人际关系等特点，通过观护基地实践等途径对其进行社会生活知识及技能培训，及时肯定其身上的闪光点，帮助未成年人改善人际关系，让其学会建立和维持良好人际关系的方式，使其尽量避免在以后的生活中遭受到新的人际关系挫折。

◎ 恢复信心，增强适应能力

未成年人的适应能力是指他们能在新的环境中健康生活并不断获得发展的能力，未成年人犯罪及重新犯罪是在多种恶劣环境影响下导致的，而这部分未成年人的适应能力不足，无法应对恶劣环境，最终走上了犯罪之路。因此，重建未成年犯对生活的适应能力有助其走出深渊。

适应能力包括内在的和外在的保护因素，内在的保护因素包括正面的个人形象、效能感、乐观、幽默、利他、情绪管理、处理冲突的能力，以及基本的生存生活和工作技能。外在的保护因素包含朋友、家人及各种社会支持因素。后文我们会讨论如何重建未成年犯的外在保护因素，而本部分我们将着重关注如何重建未成年犯的内在保护因素。

未成年犯的效能感、乐观感和合作能力的建立与培养有助于提升其适应能力。效能感是一种"胜任力"，即拥有良好的沟通能力、情绪管理能力、问题解决能力、目标确立与执行能力等，能够让其更好地适应社会生活。效能感的建立过程包括教育、经历、转变三个阶段，经验学习法与小组合作是重建效能感的重要方式，能够鼓舞未成年犯更多地面对生活逆境，学习更多的知识和技巧，进而能够面对现实生活中的种种逆境。乐观感是指未成年犯在面对逆境时，能够保持一个良好的、积极向上的心态。乐观的人相信自己能够掌控自己的命运，能够运用自己的能力解决大部分的问题。合作能力是未成年犯在回归社会以后必须具备的能力，可以帮助他们快速融入社会生活和工作，学会在一个健康的群体中通过合作与他人取得更加紧密的联系，有利于他们获得更加广泛的社会支持系统，与他人形成更加深刻的连接，并在其中找到被需要感和归属感。

一是通过建立情感支持小组增强效能感。情感支持小组是借助小组成员的力量，在互动过程中通过分享、分担、支持、教育、治疗以给组员情感支持，让组员通过小组的相互支持获得正面的情感来源，进而形成一个新的情感支持网络，最终让小组组员在情感支持下明白自己能够获得来自外界的爱与正向情感，自己也能够为他人提供爱与正向情感，在爱与正向情感的共同作用下，自己能够学会新的解决问题的方式并灵活地运用其解决生活中的问题。

二是合理运用叙事疗法让他们乐观自信。叙事疗法是指通过访谈、自由联想等恰当的方法帮助案主找出故事中遗漏的情节，以唤起案主改变内在力量的过程。叙事疗法以叙事为隐喻，将人们的生活经验作为故事，以有意义的方式体验人们的生活经验。治疗师可以通过帮助案主重新编排和诠释故事，将问题与人分开，形成积极而有力量的自我观念。叙事疗法的基本原理包括：（1）语言建构了现实，而非对现实的描述和反映，并且"现实是以故事来组成并得以维持"；（2）"问题"是一种叙事，而非一种"存在"；（3）心理问题产生的原因在于个体叙事与社会主流叙事之间的冲突或矛盾；（4）治疗师与当事人的关系是平等互动的。

叙事治疗包括如下四项主要技术：一是问题外化，问题的产生是当事人将问题内化为自己的一部分，并进行了消极的自我认同；问题外化就是逆转问题的形成过程，将问题与自我认同相剥离。问题外化的具体操作是将问题"拟人化"，帮助当事人将问题看作"它"。二是寻找特例事件并将其效果放大，发现问题的例外后，将其作用放大，给予当事人信心。三是解构问题故事，重述积极故事。"解构—重述"的过程，就是通过叙说，在情节结构中换掉占主导地位的那些事件，以另一个情节结构取而代之。四是借助支持性技术，建构新的社会关系。叙事的改变是当事人与整个社会的关系变化，需要借助一些技术或仪式与社会相连，以得到社会的认同，强化其信心。

案主：我最害怕回去上学时，老师和同学们用异样的眼光来看待我，觉得我是"坏孩子"。老师讨厌我，同学们也躲得远远的。我觉得我的"身份"很不好。

工作者：假如你把你的"身份"看成是一个动物呢？我们给他起名叫"小诚"。

案主：如果是"小诚"发生了这一切，我就不会变得那么紧张，压力会小很多。然后，我会安慰它不要难过，劝说他只要肯努力，并且好好做，别的伙伴还会和它一起玩。

工作者：其实，我觉得"身份"并不是一个可怕的东西，如果你也像看待"小诚"那样看待自己，对生活充满希望，你依然会成为一个有理想、有道德的好学生。我愿意和你共同努力，你看怎么样？

案主：社工姐姐，谢谢你的鼓励。但是我不确定自己能不能成功，我现在这种"状态"，真的没什么自信了。

工作者：不论怎么样，我都非常相信你！我认为你有能力去改变自己，但我知道，你需要更多人的支持。

案主：是的，社工姐姐，你说到我的心里去了。我想我现在应该变得活泼一些，不再封闭自己。

以上是一段叙事疗法的实际对话，在本段对话中工作者引导案主将问题进行了外化,最后案主自发地觉得应该变得更活泼一些,不再封闭自己。

三是巧妙应用心理剧疗法培养合作能力。

心理剧疗法(Psychodrama Therapy)是通过参与者在剧中扮演各种角色,应用剧情导向疗愈参与者的一种团体治疗方法。其主要特点是参与者可以用带有自发性、创造性的演出为角色赋予新的生命,帮助其将自我和所扮演的角色相分离,形成角色差距,使参与者从先前的困境中找到更多出路,重构对事物的看法。[1]心理剧疗法可以帮助未成年犯提高处理困惑和心理问题的能力,最关键是在虚拟的角色扮演过程中学会良性的人际互动,提高合作能力。心理剧疗法对于未成年犯主要具有以下功能:首先,心理剧赋予的新角色有助于缓解他们在人际互动中的身份压力。新的身份让他们的心理和思维从"罪犯""问题少年"标签中抽离出来,放下对矫治人员的戒备,重新审视自我,给予自己收获新关系、新体验和新价值的机会。其次,心理剧所建构的模拟情境让他们提前体验到真实社会生活的方方面面,既可以帮助他们全方位地锻炼社会能力,又可以避免真实社会中各种不可控因素可能带来的负面影响。在表演中适当给予未成年犯一些生活情境的压力,可在这一过程中对其进行有效引导,让正确的观念以心理剧经验的形式内化为未成年犯自身的价值观。最后,心理剧都是团队表演,未成年犯在其中

---

[1] 苏祺彦君.社区矫正巧用心理剧技巧[J].中国社会工作,2020(33):1.

不仅可以得到团队成员多方面的理解与支持，同时也会在这一过程中试图教育帮助他人，改变自己的认知及行为模式，获得自我价值感和自我效能感，增强自信，消除焦虑。最重要的是，在这一过程中，可以设置大量团队成员之间的互动与合作环节，让他们不断交流、学习、信任和帮助对方，让每一个参与者实现从"片面参与"到"双向提高"的转变。

◎改善环境、以德育人是关键做法

良好的环境是未成年犯回归社会后最好的礼物，在经历了刑罚阶段的矫治后，他们中的绝大多数都已经意识到了自身所犯下的严重错误，想要以积极阳光的心态回到正常生活，获得更好的发展，但同时他们也对回归社会充满了担心和焦虑。因此，改变家庭乃至整个社会对待他们的观念和态度，会让他们看到与过去不一样的温暖世界，这大大有助于改善他们的心理状态。

一是让家庭变成安全的港湾。良好的家庭环境是未成年人最温暖、最坚定的港湾，但如果家庭中充满冷漠、回避，甚至是纷争、打骂，则会将孩子推向家庭之外，推向复杂、未知、充满危险的社会。因此，将家庭从破碎、冰冷恢复至完整、温暖是阻断未成年人犯罪的关键靶点。对于家庭问题的解决我们一般可采取家庭心理治疗的方法，通过家庭治疗让家庭成员更多地了解家庭出现的问题、家庭及各成员的能力等，最终实现整个家庭系统的良好运转。鉴于实际情况下，家庭治疗的成本和要求相对较高,我们也可采取对未成年犯家庭进行干预引导的方式达到目的。

案例1:未成年服刑人员宋某,男,2001年6月出生。因犯盗窃罪被判处拘役一个月,缓刑两个月。经工作人员了解,宋某父母离异,其与父亲共同生活。宋某到司法所报到时,对社区矫正不理解,也沉默寡言,面对司法所工作人员抱有一种防备的心理。工作人员专门与宋某的父亲进行了一次深入的沟通,希望宋某的父亲能把目光更多地放到自己儿子身上,让他感受到更多家庭的温暖。宋某的父亲也通过这次的事情意识到了自己的问题,表示会更加关心宋某的生活、思想和情绪,给他温暖和关注。工作人员时常与宋某的父亲进行电话沟通,了解宋某近期的生活和思想变化。矫正小组对宋某实施了全面的教育矫正,并根据其日常表现给予肯定和表扬,鼓励宋某正视自己所犯的罪行,促使了其思想和行为上的进步。

案例2:未成年服刑人员刘某,男,2000年5月出生。因犯聚众斗殴罪被判处有期徒刑一年两个月,缓刑一年两个月。刘某父母都在大城市打工,父亲在一金属制品有限公司做操作工,母亲在一家化妆品工厂工作。刘某是家中的独子,还有一个姐姐已经出嫁,目前在外地生活。刘某总体上来说生活经历较为平稳,从小在大城市生活学习,虽然读书成绩不是很好,但是性格开朗,兴趣爱好广泛。矫正小组开展经常性走访和谈心,帮助刘某用实际行动尽可能得到了父母的理解和支持，修复了亲子关系，增加了他们之间的沟通与交流。

在案例1中，社区矫正工作人员充分地利用了家庭的作用。首先，该工作人员与宋某的父亲进行了初次沟通，让其了解到自身在教育方面的不足，并给其提供了更多的建议。其次，该工作人员对宋某进行跟踪与回访，时刻关注其在家庭中的表现及家庭关系的变化。在案例2中，我们看到该社区矫正中心采用的方式是促进双方的沟通和交流，并教给刘某更多的表达技能与沟通技巧，引导刘某用实际行动得到父母的支持和理解，引导刘某讲出内心的想法以让父母更好地了解自己。刘某的案例与宋某不大一样，在刘某的案例中，社区矫正中心将重心放在了刘某身上，这可能是因为刘某本身的家庭结构及环境的问题不算严重，其不良行为、与父母的关系不融洽更多的是因为其年少、不知道如何表达自己、不知道如何与父母相处，因此在本案例中，社区矫正中心确定了关注刘某、教育刘某的干预方案。

由上述两个案例可知，对于恢复家庭的温暖，我们有两种干预渠道：一是从家庭或家长的角度出发；二是从未成年孩子的角度出发。前者适用于家庭关系破碎相或家庭结构不健全相，后者适用于未成年孩子自身的心理发展水平较低的状况。我们应当根据不同的家庭环境及未成年孩子身心特点选择更合适的干预方案以达到更好的矫正效果。

二是用教育谱写美好未来。学校是绝大多数未成年犯出狱后重新回归的地方，它对于这些未成年人矫正效果的检验、维持和稳定起着至关重要的作用。相比于监内生活，学校生活拥有更多教育、社交和情感资源可以提供，它是未成年人稳定健康的人生观、世界观和价值观形成的主要阵地。学校应该扛起对这些未成年犯进行再教育的大旗，尽可能发挥更大的作用。除了一般的理论知识和实践技能的传授，学校对未成年犯的教育应该着重注意德育教育和法制教育。目前许多学校的办学理念还是"考分至上"，以传统的应试教育标准来衡量和要求学生，可能将回归校园的未成年犯拒之门外，由于他们离开教育环境太久，很可能因这样的学校氛围而再度成为"边缘人员"，继续被排斥和打击。因此，我们还需提倡加快教育改革，切实推行全面发展的教育观念。

首先，应该改变教育模式。正如上文提到的，无论是未成年人犯罪还是再犯都在很大程度上和当前大的教育环境中，各个学校对升学率的追求、老师对成绩好的学生"另眼相看"的现象有关，这可能使那些成绩后进的学生产生抵触心理、厌学心理和嫉妒心理，加之如果他们采用消极的应对方式，如逃避学习或直接否认学习的重要性，思想就容易被外界的不良亚文化影响，成为潜在的罪犯。因此，应该让学校改变对待全体学生的态度以及评判学生的标准，不能仅以成绩为参考指标，应该用更加平等、全面和包容的态度对待每一名在校学生。从实质的制度改革上来讲，应该尽快取消分班制并加快推进教师轮岗制度,[①]实现教育资源的公正分配。在此基础上方可顺利推进素质教育,不再以考试成绩作为好学生的唯一判断标准,从根本上树立"树人"的宗旨,提倡素质教育,让每一名未成年人都成为人格健全的守法公民是学校教书育人的底线。

其次,还需增加教育经费投入。尤其是针对外来务工人员子弟学校和艰苦边远山区的教育资源投入,在学校的硬件场地建设、教学资源配置和教师福利保障制度上予以政策倾斜。应高度重视职业技术教育的发展,多数未成年犯出狱后可能已经失去了接受高等教育的机会,但坚决不能让他们直接放弃学习,应该对职业技术教育投入更多资源,提升职业技术学校的办学实力和招生规模。在保障未成年犯就读职业技术学校方面适当予以补助和支持,鼓励孩子们学一门技能,为今后融入社会生活打下坚实基础。

最后,应对未成年犯的在校行为实施有效监管。实施有效监管的主体是老师,首先老师要同这些未成年人保持良好的师生关系,建立相互信任、愿意沟通的良性互动关系。在此基础上,老师要对这部分未成年人的"朋友圈""网络圈"加强关注,防范他们被不良文化所侵蚀。同时,学校和家庭之间要形成共教共育的关系,建立家长定期联络制度,每周电话沟通情况,每

---

① 郭丽君,刘思羽.教师轮岗中的挑战:知识与文化交流——基于新制度主义视角[J].当代教育科学,2021(11):76-81.

月简要碰头分析，每季度分析一次思想行为表现，把未成年人重新犯罪的思想和苗头扼杀在萌芽阶段。

三是让社会张开拥抱的双臂。前文我们提及了未成年犯常常接收到来自社会、学校的"标签"，在这些"标签"下，未成年犯常常会"自我实现"以适应"标签"的内容，继续自身的问题行为。因此，我们应当积极倡导全社会公平对待未成年犯，减少对这一群体的歧视与偏见，用教育、矫正的观点看待曾经犯错的未成年犯。

首先，我们应当确保未成年人犯罪记录封存的落实。我国目前对未成年犯执行的是以教育为主、惩罚为辅的刑事政策和教育、感化、挽救的方针政策，其中感化教育是未成年犯工作的主要特点，而未成年人犯罪记录封存是这方面的重要措施。其次，社会应当树立平等观念，用宽容的心态去接纳他们，帮助他们重回社会。未成年人行差踏错很多时候是"三观"不健全导致的，但他们的可塑性依然很强，在经历了刑罚的惩罚和矫正教育后，他们完全可能将过去的不良习惯改掉。同时，他们已经为自己曾经犯下的错误付出了惨痛的代价，我们完全应该以包容的态度给他们重新走上正确人生道路的机会。最后，应该充分净化社会中的"阴暗角落"。这些未成年人之所以犯罪，从宏观来看，整个社会都应负有一定责任。因此，我们应该加强社会环境的监管，这既包括现实中对娱乐场所的监管，也包括对网络环境的清理与整治。对于歌舞厅、酒吧等公共娱乐场所可以建立身份证检查制度，禁止未成年人进入这些场所；对于电子游戏机房、台球室等进行赌博性质的游戏活动场所也应当加强监督，禁止未成年人进入。许多研究都发现，近年来未成年人犯罪的主要原因是受到了不良网络文化的影响，因此加强对网络的管理，可以采用网络身份实名制以及网站分级制等形式，限制未成年人接触网络不良环境的可能性。

◎评估风险、分级处遇是科学路径

我国的司法实践部门一直致力于开展好罪犯出狱后的再犯风险评估工作，事实上风险评估对于未成年犯同样重要。下面，我们从三个方面对未成年人重新犯罪的风险评估进行介绍。

一是未成年人再犯风险评估的意义及目的。对涉罪未成年人进行再犯风险评估，不仅关系着社会的稳定，是预防未成年罪犯出狱后再度实施犯罪的"保底工程"，同时也可以帮助我们对这些未成年人实施有效的分级管控和教育，有针对性地制定相关政策帮助他们回归家庭、学校和社会。从目的来看，未成年人重新犯罪的风险评估工作可以分为两大模式：预测导向模式与管理导向模式。前者重在判断未成年人未来再次犯罪的风险，这对其审查、审判均有影响，如在案件审查阶段，检察院需根据风险评估的结果决定是否批捕、起诉；在审判阶段，对未成年再犯危险性高低的判断会影响法官对其量刑以及刑罚执行方式的裁定。后一种评估模式则重在考虑如何通过管理的方式降低再犯的可能性，对于被评估者在矫正阶段的保护管束与假释期间如何进行管理也有一定的影响。①

二是我国未成年人再犯风险评估的发展。国际上的犯罪风险评估经过近百年的发展，已经从第一代的临床经验评估、第二代的静态精算评估、第三代的动态评估和第四代的系统评估逐渐发展到了如今的第五代，即通过认知神经科学技术，检测人体多巴胺、血清等物质变化来评估再犯风险的评估工具。②从国内情况来看，我国犯罪风险评估研究起步较晚，与国际先进水平还存在一定差距。目前在再犯风险评估方面，尤其是针对未成年人的风险评估方面，还没有研制出实践部门认可并被广泛应用的科学评估工具，也没有形成再犯风险评估应用的规范。但是，经过几十年的追赶与探索，国内学者也在该领域进行了诸多卓有成效的探索，开发了许多立足中国国情的本土化的评估工具。

20世纪80年代后期，我国犯罪心理学奠基人罗大华教授就提出：建议采取罪犯自我诊断、罪犯集体诊断和管教干部诊断三结合规则开展预测及预防再犯罪的工作。③进入21世纪后，我国逐渐开始着力于精算式未成年人再犯罪风险评估的研究。例如，学者黄兴瑞等通过对浙江省500名在押未成年服刑人员和

---

① 滕洪昌.涉罪未成年人心理测评研究[D].烟台：鲁东大学，2018.
② 曾钰泽，孙嘉秀，马皑.罪犯风险评估的演变过程探析[J].法制与经济，2020（10）：123-124.
③ 罗大华.论对罪犯刑满释放后重新犯罪的预测和预防[J].政法论坛：中国政法大学学报，1987.

500名在校中学生的调查发现，包括家庭环境因素、学校表现、早年行为模式、社会交往因子等与未成年犯罪存在关联，并筛选出了未成年罪犯的病态人格因子。[①] 近年来，我国行政司法部门对再犯风险评估工作越发重视，2019年1月，司法部印发《全面深化司法行政改革纲要（2018—2022年）》，明确提出将建设"重新犯罪大数据监测分析平台"。"重新犯罪大数据监测分析平台"建设及重新犯罪问题调查将汇聚法院、检察院、公安、司法行政机关的重新犯罪相关数据。这些有益探索皆为进一步建立和健全我国未成年人再犯罪风险评估体系提供了政策性依据。

三是未成年人再犯风险评估的经典方法。未成年犯的个体身心特点、成长环境、犯罪类型、监内表现各不相同，他们对应的再犯风险等级差别也十分巨大。目前，国内外较为认可的评估量表和方法主要有：

未成年人服务水平及案例管理评估量表

作为全球法域范围内首批被广泛适用的风险评估工具之一，青少年服务等级与个案管理量表（Youth Level of Service/Case Management Inventory，以下简称YLS/CMI量表）于2002年开发并经历多次更新调整。其评估主要秉承三项原则，分别是风险原则、需求原则和反应原则。该量表由专业化、标

---

① 黄兴瑞，曾赟，孔一. 少年初犯预测研究——对浙江省少年初犯可能性的实证研究[J]. 中国刑事法杂志，2004（6）：108-116.

准化的 42 项风险因子构成，细分为 8 个：先前和当前的犯罪、家庭环境及教养方式、教育与就业、同伴关系、药物滥用、休闲娱乐、人格特征和犯罪态度。这些维度的分量表即对应 RNR 模型的 8 个犯罪基因域，根据涉罪未成年人的每项风险因子"是、否"的两极式选项赋值 0 分或 1 分，采用精算方法对所有项目进行分数累加，最终根据累计分数评定涉罪未成年人的风险等级，包括低风险（0~8 分）、中风险（9~22 分）、高风险（23~34 分）和特高风险（35~42 分）。YLS/CMI 量表的优势在于它可区分性别对未成年人再犯风险进行评估，从目前情况来看，其对男性未成年人风险预测的效度要高于女性未成年人。

未成年人暴力风险之结构性评估量表

未成年人暴力风险之结构性评估量表（Structured Assessment of Violence Risk in Youth，以下简称 SAVRY 量表）最初是基于评估未成年人暴力风险的目的而开发的，但许多研究发现它在预测未成年人再犯风险方面也具有很高的准确性。该量表既包括机构化的静态和动态风险因子，也涵盖了保护因子和一些干预措施。SAVRY 量表由 30 项评估因子构成，其中 24 个风险因子基于汇总诸多犯罪学实证研究所验证的未成年人暴力行为相关风险因子衍生而来，因子项目主要由 3 个犯罪相关维度组成：历史风险因子 10 项（如先前暴力史、学业成绩差等）、社会环境风险因子 6 项（如同伴犯罪、缺乏支持等）、个人特质风险因子 8 项（如冲动、消极态度和低同理心等）。所有因子采用 0 分至 2 分计分，剩余 6 项采用 0 分和 1 分计分（如是否存在亲社会参与和强有力社会支持）。

在量表中加入可能减轻未成年人风险的保护因子是其不同于其他大多数量表的独特之处，可更加全面地预测未成年人出狱后再犯的可能性。

国内典型未成年人重新犯罪评估量表

戴相英等人根据多年实务工作经验发现未成年人重新犯罪的原因包括三大类，分别是自身因素、家庭因素与社会因素，具体评估方式如表 4-4 所示。根据下表对未成年犯进行打分，其中分数为 0~22 分的基本无再犯危险；分数为 23~54 分的有低再犯危险；分数为 55~74 分的有再犯危险；分数为 75~100 分的有高再犯危险。

对于高再犯风险的未成年犯，应在其刑满释放前就积极开展心理强化干预辅导，关注其心理及人格障碍，根据症状做到"对症下药"，争取能够治愈或改善其心理障碍，帮助其恢复正常社会功能。同时，应加强对其的个人教育引导，详细了解其出狱后的计划、环境、经济等情况信息，申请社区给予更多精神和物质上的帮助，确保其基本的生活条件。最关键的是，应积极借助监管信息平台，将其信息及心理状况、风险情况通报至对应的社区，尽可能地安排专业力量进行辅导和关注，做到实时跟踪管控，防止其再次被不良环境影响，获得重新犯罪的动机和机会。

表 4-4 未成年人重新犯罪评估量表

因素	评估指标	评估因子
自身因素—心理状况	精神状况[①]	①没有心理障碍（0分） ②有轻度心理障碍（1分） ③有中度心理障碍（3分） ④有严重心理障碍（5分）
	人格倾向[②]	①没有异常人格（0分） ②分裂样人格（1分） ③偏执性人格（2分） ④冲动性人格（2分） ⑤反社会性人格（3分） ⑥有两种以上异常人格（5分）
	心理调节	①面对物质诱惑占有欲望强烈程度（0~2分） ②面对言语刺激内心冲动激烈程度（0~2分） ③面对情景挫折心理悲观失望程度（0~2分）
	常规认知	①金钱作用认知（1分） ②友情观念认知（1分） ③自我地位认知（1分） ④幸福内涵认知（1分） ⑤荣辱评价认知（1分）
	罪行认知	①犯罪构成认知（1分） ②法院判决认知（1分） ③刑罚执行认知（1分） ④法律威严认知（1分）

---

① 由心理咨询师根据专业量表评估。
② 依据卡特尔16种人格因素测验表结果评估。

续表

因素	评估指标	评估因子
自身因素——行为表现	不良行为	①捕前有超过常规的吃喝嫖赌等行为（1分） ②捕前结交一帮不务正业的朋友（1分） ③捕前参加过帮派、教派等组织（1分） ④捕前参加过传销、黑社会等组织（1分）
	既往处罚	①捕前有被学校处以警告以上处罚（1分） ②捕前有被处以拘留、罚款等处罚（1分） ③捕前有被收容教养或法院判决历史（2分）
	犯罪情况	①作案一次且刑期在三年以下（1分） ②作案二次或作案一次但刑期在三年至七年（2分） ③作案三次或作案一次但刑期在七年至十年（3分） ④作案四次以上或作案一次但刑期在十年以上（4分）
	矫正表现	①矫正期间很少有违规违纪行为（1分） ②矫正期间虽无大违规，但小违规比较多（2分） ③矫正期间受过戴铐、关禁闭或一次扣5分以上处罚（3分） ④矫正期间受过警告、记过或法院加刑等处罚（4分）
	劳动技能	①矫正期间未受过系统的劳动技能教育（1分） ②矫正期间未参加过专题就业指导培训（1分） ③矫正期间未获得劳动部门颁发的技术等级证书（2分）
	今后打算	①刑释后不会立即学一门实用技术（1分） ②刑释后不会到亲友为其找的单位上班（1分） ③刑释后找不到工作会到社会上去混（2分）
家庭因素	父母状况	①双方健在（1分） ②离异或一方去世（2分） ③父母长期分居（3分） ④父母双亡或不知去向（4分）

续表

因素	评估指标	评估因子
家庭因素	抚养主体	①父母或养父母抚养长大（1分） ②母亲抚养长大（2分） ③爷爷奶奶或外公外婆抚养长大（3分） ④父亲抚养长大（4分） ⑤其他人抚养长大（视情况给1~2分）
	家庭收入	①较富家庭（1分） ②中等家庭（2分） ③较差家庭（3分） ④困难家庭（4分）
	父母劣行	①没有违法犯罪史（1分） ②一方曾因违法被处以罚款或拘留等处理（2分） ③一方曾因违法犯罪被法院判刑（3分） ④双方都被公安或法院处罚过（4分）
	亲情关系	①和监护人沟通较多（1分） ②和监护人沟通一般（2分） ③和监护人沟通很少（3分） ④和监护人之间有严重对立情绪（4分）
	家教方式	①不严格也不宠爱（1分） ②比较宠爱（2分） ③经常会受到监护人的言语训斥（3分） ④除了言语训斥，还经常会受到监护人的殴打体罚（4分） ⑤基本上是不管不问（5分）
	出狱居所	①会和监护人一起干活、居住（1分） ②会和监护人晚上住在一起，但白天会各管各（2分） ③会和监护人生活在一个城市，但会分开生活（3分） ④会远离监护人，但偶尔会和他们保持联络（4分） ⑤会远离监护人，尽量摆脱他们的纠缠（5分）

续表

因素	评估指标	评估因子
社会因素	社会关爱	①居住地有关部门对其没有帮教（1分） ②居住地政府没有对刑释人员的政策支持（2分） ③居住地企业对刑释人员就业关爱接纳程度（较好1分，一般2分）
	社会管控	①居住地文体娱乐设施管理概况（较好0分，一般1分） ②居住地社会治安防控管理概况（较好0分，一般1分） ③居住地刑事案件发生及破案情况（较好0分，一般2分） ④居住地少年司法制度贯彻落实情况（较好0分，一般2分）
	生活交往	①刑释后不会远离犯罪地去生活（1分） ②刑释后会和以前的朋友继续交往（2分） ③刑释后会和狱中好友深入交往（2分）
	谋生依靠	①主要依靠监护人帮忙安排（1分） ②主要依靠亲戚同学牵线帮忙（2分） ③主要依靠自己，到社会上去闯（3分） ④主要依靠朋友，和他们同甘共苦（4分）

◎ **完善法律、维护制度是根本保障**

除了前文所提到的预防方法，我们还需要制度性的手段和政策为未成年人重获阳光生活保驾护航。从目前的情况看，主要需要我们完善和建立的制度是社会矫正制度和基本生活保障制度，同时还应该规范监狱内的矫正制度和出狱后的保护制度。

1. 完善社会矫正制度。可针对当前社区矫正的不足，从三个方面努力完善这一制度：一是完善社区矫正立法。结合刑法、刑事诉讼法、社区矫正法等完善社区矫正立法工作。二是推出更有针对性的矫正项目。可以参考国外较为成熟的未成年人社区矫正制度，扩展社区矫正项目种类，如寄养家庭，对于父母品行有问题的或家庭结构不完整的未成年罪犯，可以将他们寄养到替代家庭中，并给予寄养家庭一定的经济补助，让他们能够感受家庭的关心和照顾并得到健康的家庭教育和引导。三是完善社区矫正的人才培养制度，让更多拥有教育学、心理学、犯罪学背景的专业人才进入这个岗位工作，提高他们的岗位收入，加强政策支持。

2. 规范监内矫正制度。我国还没有针对未成年人监内矫正制度的专门立法。建议可根据未成年人独有的生理和心理特征，制定专门的"未成年违法犯罪人员矫正法"，明确规定关于未成年罪犯的刑罚执行和教育矫正等内容，在实体和程序上设置具备可操作性的详细规定。立法的目的是更好地实现未成年人在监内的规范化管理和教育，建立更加科学合理的矫正制度。从目前的情况来看，可以从以下几个方面入手进行规范。

一是提高未管所管理人员的专业素养。矫正工作的实施人员是一线的未管所管理人员，他们素质的高低直接决定了矫正效果的好坏。我国目前的未成年犯矫正工作人员的专业素质还有待提升，今后须着力培养相关专业人员，或长期进行社会化聘请专业机构辅助其开展工作。对于人员的培养和选拔，可借鉴国际相关机构的做法。例如，《联合国保护被剥夺自由少年规则》第八十一条规定："管理人员应具适当的条件并包括足够数量的专家，例如教育人员、职业教导员、辅导人员、社会工作者、精神病专家和心理学家。这些专家及其他的专门人员一般应长期聘用……"第八十二条规定："管理当局应认真挑选和聘用各级和各类的工作人员，因为各拘留所是否管理得好，全靠他们的品德、人道、处理少年的能力和专业才能以及个人对工作的适应性。"第八十五条规定："所有管理人员应受适当培训，以便能够有效地执行其责任……"

二是分层分级进行矫正和管理。对未成年犯的矫正应最大限度地做到分类个别矫正，在教育上要因材施教，细化教育工作内容。不同于成年人犯罪，未成年人犯罪受家庭、成长环境和情绪状态的影响较大，因此在矫正中更需要制定个性化的矫正策略，才能够提升矫正质量。在管理方面，为杜绝未成年人在监内"相互污染"的情况出现，2019年12月30日施行的《人民检察院刑事诉讼规则》第四百八十八条在人民检察院对看守所、未成年犯管教所、社区矫正机构的监督与配合方面，新增加了明确的规定：检察机关发现未对未成年犯罪嫌疑人、被告人与成年犯罪嫌疑人、被告人分别关押、管理或违规执行刑罚的，应依法提出纠正意见。要求在管理中区别化对待未成年犯是矫正工作的基本要求。实际上，还可将未成年犯根据犯罪类型、犯罪严重程度、家庭背景等情况进一步实施分类关押管理。① 一方面可以防止未成年犯进行犯罪"经验交流",以及价值观上的相互影响;另一方面也杜绝了在管理中"一把抓"的现象,尤其是在进行心理矫治时,可以避免泛泛而谈、"大杂烩"式的心理疏导,也能在一定程度上达到分类疏导的效果,缓解未成年人犯罪心理专家供不应求的困境。

三是矫正教育的改革。我国《监狱法》第七十五条规定:"对未成年犯执行刑罚应当以教育改造为主。未成年犯的劳动,应当符合未成年人的特点,以学习文化和生产技能为主。监狱应当配合国家、社会、学校等教育机构,为未成年犯接受义务教育提供必要的条件。"从目前的矫正情况来看,许多地区的矫正教育内容并未达到这一标准。未成年犯犯罪的年龄、认知、犯罪原因、家庭情况等各不相同,因此绝不能完全进行同质化的教育,应根据他们的文化程度、犯罪性质、刑期长短等进行分类,实施分类教育。在教育方式上,也应多采用他们易于接受的形式,一味采取填鸭式、传统式的授课灌输型模式可能效果并不好,毕竟这些未成年人在犯罪前就经历过这样的教育模式,而事实证明这样的教育模式对他们的改造是完全行不通的。因此,要尽可能地采取互动式、趣味式、启发式教育。在教育内容上,应着重加强文化、思想政治和心理健康教育,并适当加入职业

---

① 董紫薇.探索建立预防未成年人重新犯罪机制[J].法制与社会,2020(22):1-2.

能力培训。文化知识可以帮助他们提升认知能力，提高是非判断力，接纳正确的善恶观念，思想政治教育可提升他们的法治观念和法律意识，增强爱国主义情结，提升对自己、家庭和社会的责任意识，心理健康教育可以解决他们心理健康水平偏低的问题，在课程中可穿插个体的心理咨询和团队心理辅导，达到心理矫正的目的。而职业技能培训则可以为这些人员未来回归社会打下坚实的基础。

3. 建立基本生活保障制度。当前我国未成年犯经矫正回归后最严重的问题是其回到社会后发现学习和工作受阻，基本生活无法保障，因此需要建立相关保障制度确保其有基本的生活条件和能力。

一方面，应该探索最低生活保障制度。未成年犯大多曾经不思进取、学业糟糕、技能欠缺，其回归社会以后会面临现实的就业歧视和壁垒。[1]对于一些家庭极度贫困或身患严重疾病的未成年犯，其回到社会后可能连生存都会成为一个极为现实而迫切的难题。因此，对这部分人员，应当给予最基本的生活权益保障，建立相应的救助体系。建议可由政府牵头，组织司法行政部门、民政部门、社会保障部门共同成立救济小组，对符合低保条件的未成年犯及时纳入救助体系，给予医疗、物质和住宿方面的支持。对身患残疾的未成年人，可与当地残联部门合作，让他们依法享

---

[1] 唐玲.服刑人员社会帮扶体系建设的调查与思考[J].犯罪研究，2019（3）：11.

受残疾人应当享受的权益,对于有一定劳动能力的,可以就近安排一些公益性岗位,解决他们的生计问题。同时,已经错过正常教育年龄和机会的未成年犯,重回社会后很可能面临失业,即使再次进入技术学校学习,毕业后仍然可能在找工作时遭受歧视,被贴上"罪犯"标签而难以找到理想的工作。[1]建议今后的未管所以当地职工最低工资为标准,以劳动报酬形式为未成年犯缴纳一定额度的失业保险费。针对许多未成年服刑人员而言,其在刑满释放后两年内没有完成有效就业的情况下,能否领到失业救济金,直接关系到他们刑满释放后的基本生活保障,关系到他们是否会因生活的压力而重新走上违法犯罪道路。

另一方面,可建立适用于我国国情的就业指导制度。各地可以中办发〔2010〕5号文件提出的"落实刑释解教人员社会保险政策"、2015年司法部等13各部门联合印发的《关于加强刑满释放人员救助管理工作的意见》为标准,认真落实各项技能帮扶政策,不定期为未成年刑满释放人员提供免费的技能培训。人力资源和社会保障以及各级工会部门应把对刑满释放人员的免费技能培训纳入年度工作计划,定期发布免费的技能培训项目,帮助他们提高就业谋生与立足社会的本领。随着各地城镇开发与新农村建设力度的不断加强,政府有关部门应当未雨绸缪,腾出和保留一些特殊工种与岗位,为各类生活困

---

[1] 杨丽璇,刘洪广.标签理论视角下未成年人再犯预防——自我形象重塑[J].湖北警官学院学报,2020,33(6):8.

难的刑满释放人员提供一定的就业岗位扶持。对有创业想法、具备一定知识技能的未成年犯，还可以鼓励他们走自主创业之路。由政府牵头，在未成年刑满释放人员回归社会两年内，对于自谋职业从事实体或进行网络经营的，政府部门可以视其为下岗职工，享受在工商、税务等方面提供资金补助或者政策支持。对于经济发展较好的地区，可以由政府主导成立安置帮教基地，地方政府从政策支持、土地划拨、资信贷款、项目对接等方面给予创业基地支持。同时地方政府统筹规划，鼓励民间资本参与安置帮教基地的建设，使有创业基础并且有创业意愿的刑满释放人员在安置帮教基地进行创业，将刑满释放人员培训纳入地方政府培训计划，针对每个创业人员的项目进行专门的指导和培训，以提高创业的成功率，最终实现成功再社会化目的。[1]

4. 探索长期保护制度。未成年犯出狱回归社会后才是对他们真正的考验。多数未成年人重新犯罪的时间为刑满释放后的一年到两年内，相关原因在前文已经反复提到。因此，他们出狱以后，社会不能对其"不管不顾"，我们还应探索建立长效保护机制。目前可以预见的是从三个方面入手进行探索：一是建立跟踪管理机制，督促家庭、学校和社区履行相应的监护义务。未成年人的社会经验严重缺乏，如果没有上述三种力量的保护，

---

[1] 吴焕.未成年犯的再社会化失败问题研究——以J省未管所近十年再犯状况为例［D］.南京：东南大学，2020.

很容易再次被社会上的某些不良氛围影响，再次走错路。尤其是当他们遭遇挫折、孤立无援的时候，背后必须要有强大的支持系统才能帮助他们渡过难关。因此，需要政府出台相应的监督机制，对上述三个方面的保护机制进行监管和督导。二是可探索定期回访机制。检察机关可通过定期回访考察，及时了解他们的心理动向和行为表现。司法机关对免予刑事处罚或非监禁刑的未成年犯要定期调查跟踪、及时教育引导，帮助其消除消极情绪和树立正确的"三观"。及时联合帮教组织和社会力量，落实帮教措施，做好狱后保护工作。三是做好未成年犯隐私的保护工作。2019年颁布的《人民检察院刑事诉讼规则》中的犯罪记录封存规定，在一定程度上有利于使未成年犯在升学、就业、入伍等方面享受与其他未成年人同等的待遇，避免被标签化，防止原来的初级越轨行为发展到续发越轨行为，帮助他们重新树立生活信心，改变对社会的敌视态度，顺利融入社会变成守法公民。

小　结

本节我们介绍了目前我国未成年人重新犯罪的基本情况，探讨了什么样的未成年人更有可能重新犯罪，以及将其推向重新犯罪的不良因素。我们发现，从天性的角度来看，确实有一部分未成年人容易反复犯罪，这些人大部分有相应的心理障碍，但同时周围环境的推动作用更不容小觑。在第二部分和第三部分，我们着重梳理了将未成年犯再次推进犯罪泥沼的家庭、社会及其自身因素，并对照一些典型原因列出了实际案例进行解读分析。最后，我们着重就如何预防未成年人重新犯罪进行了讨论，具体探讨了从个人层面的跟踪了解、心理矫治、教育引导到环境层面的氛围营造，最后再到制度层面的权益保障，较为全面地分析了预防未成年人重新犯罪的各种方法策略。未成年人重新犯罪，无论是对国家、社会、家庭还是对未成年人本身而言，都意味着可能会付出比初次犯罪更加严重的代价。因此，未来还要继续探索未成年人犯罪的生理和心理特点，更加有针对性地建立预防机制，更好地守护社会的稳定秩序，保护好祖国的未来。

第五章 预防未成年人犯罪的策略研究

据统计，近年来未成年人被侵害的案件频发，各类未成年人伤害事件呈上升趋势。由于未成年人的自保能力不足且无法有效反抗，很难做到正确应对。对于未成年人来说，他们不一定知道什么情况下自己受到了侵害，也就无法判断是否该向父母或者老师诉说这种遭遇。另外，各类侵害未成年人的案件中多有一个共同点，那就是一些未成年人在受到侵害后，被违法犯罪者胁迫，从而屈服，并一步步堕入深渊。未成年人不是完全民事行为能力人，因此很难及时发现身边的隐患，也难以做出反抗行为。

《未成年人保护法》对未成年人的保护有六个方面：第一，在幼儿园、中小学周边，不得设置营业性娱乐场所，包括酒吧、网吧等；第二，游乐性场所电子设备除节假日外，不得向未成年人开放；第三，对于未成年人禁入场所应该设置"禁止进入"标志；第四，幼儿园周边不得设置烟酒彩票网点；第五，禁止向未成年人销售烟酒；第六，烟酒彩票网点在显著位置放置"不得向未成年人销售"的标志。

要保护未成年人远离犯罪伤害需要家庭、学校、社会等多方面共同行动。本章会从心理学、社会学、法学和教育学多学科视角来分析未成年人该如何应对和预防家庭暴力、校园暴力、性暴力和其他伤害。

1. 远离家庭暴力

家庭教育是未成年人父母或其他监护人的监护职责之一，也是未成年人权利保护的重要内容之一。家庭教育是否存在、是否科学、是否体现儿童观，直接影响着未成年人的权利和未成年人权利保护的效果。很多父母暴力管教的观念根深蒂固：有的父母认为孩子是自己的就有权打骂，不把打骂视为暴力；还有的父母认为打骂、体罚如果没有造成严重伤害则属于正常管教，这些错误的理念和认识导致一部分暴力行为被合理化。混乱与模糊的根源，一方面来自不成熟的儿童权利保护理论，另一方面来自儿童保护观念与传统思想文化之间的冲突。中国传统的"孝"文化强调儿童对长辈的遵从，儒家文化中的"玉不琢，不成器"更是将儿童视为应被管制和雕琢的对象，而不是与成人一样享有基本权利的独立个体。在家庭教育中，家庭监护与家庭教育缺失、教育忽视、暴力管教是比较常见的不利于未成年人权利保护的情况，严重影响了未成年人的生存权、受保护权、发展权和参与权。

据调查分析情况看，产生家庭暴力的原因有诸多方面，归纳起来，因家庭关系不和谐而拿孩子发泄引发的家庭暴力案件比例最高；错误的管教观念也是导致对孩子施暴的一个主要原因；其他原因还有生活困难、生活压力大或未婚先育没有条件抚养，孩子身体智力有缺陷、残疾，重男轻女，父母有恶习、品行不良和精神心理异常等。

如因婚外恋、夫妻感情不和或与其他家庭成员发生矛盾而拿孩子撒气、报复。这类案件反映出，由于未成年人的弱小，一些父母并没有把孩子当成有独立人格的人，而是当成了出气筒、泄愤目标、报复工具。

拥有错误的管教观念导致对孩子施暴的，此类父母暴力对待孩子的直接原因包括孩子不听话、撒谎、顶撞父母或偷拿家里钱财等。在这些案件中，当邻居制止或公安人员介入时，施暴父母多数表示出"打自己的孩子，别人管不着""打他也是为了教育他"的错误观念。

由于生活困难、生活压力大或未成年人未婚先育没有条件抚养导致的对孩子施暴、遗弃或杀害的案件，根据案情分析，这类案件中的父母真正生存不下去的情况还是极少的，主要是由于超生、多子女或未婚先孕而缺少抚养条件，还有一些未婚先孕的未成年人担心名誉受损或被发现而遗弃新生儿。

父母有恶习、品行不良等原因导致的家庭暴力也不在少数。比如，家庭性侵害案件中施暴人存在恶习、一时性冲动、迷信等情况，不顾父母子女关系对孩子做出乱伦行为甚至性暴力的。再如，在出卖孩子的案件中，大部分原因是父母要还赌债、换取赌资、换钱挥霍。

孩子身体或智力有缺陷、残疾和重男轻女意识是导致家庭暴力的另一个因素。这类案件的暴力形式主要是对孩子实施虐待、遗弃或杀害。父母精神心理异常也是引发对未成年人家庭暴力的一个因素。

◎ 好的教养方式是牢固亲子关系的纽带

亲子关系（parent-child relationship）原是遗传学中的用语，指亲代和子代之间的生物血缘关系，这里指父母与子女间的相互关系。[1] 还有人将其进一步界定为"以血缘和共同生活为基础的父母与子女间相互作用所构成的、亲子双维行为体系的自然关系和社会关系的统一体"。[2] 这种定义方式既排除了非血缘亲子关系，又突出了亲子关系中的双维双向原则和亲子之间的自然关系，为亲子关系的研究提供了较为明确的研究内容、范围和方法。

亲子冲突（conflict）与亲子亲合（cohesion）是亲子关系的两个重要维度。在内容上，冲突可分为内隐冲突和外显冲突两种基本类型。内隐冲突指由于内在的互不相容的需要、思想、情感、愿望等引起的一种犹豫、不安和紧张的情绪状态，它常被用于文艺领域以描写个体的内心矛盾。外显冲突指以摩擦、抵触、争吵、争执甚至战争为标志的公开对立与对抗。[3] 根据冲

---

[1] 孟育群. 少年期的亲子矛盾与良好亲子关系的建立[J]. 教育科学, 1994(04): 15-20.

[2] 刘晓梅, 李康. 亲子关系研究浅识[J]. 贵州师范大学学报: 社会科学版, 1996 (3): 3.

[3] 王同亿. 语言大典[M]. 海口: 三环出版社, 1990.

突中行为的主体不同，又可将外显冲突进一步划分为人际冲突、国际冲突、民族冲突等，亲子冲突属人际冲突的一种。大多数研究者认为"公开的行为对抗"是人际冲突的核心特征，关于冲突的结构仍存在争议。

亲子关系中的两个基本维度：一是接受—拒绝，二是支配—服从，以此说明亲子关系对儿童的影响。父母教养方式（parenting style）是父母教养态度、行为和非言语表达的集合，反映了亲子互动的性质，如图5-1所示。

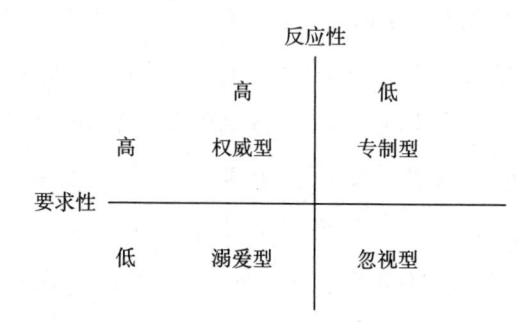

	反应性高	反应性低
要求性高	权威型	专制型
要求性低	溺爱型	忽视型

图 5-1　亲子互动的性质

父母教养方式包含要求性和反应性两个维度。父母要求性指父母对儿童的成熟合理行为的期望和要求程度；父母反应性指父母以接受、支持的方式对儿童的需要做出反应的程度。由于它们是两个相对独立的维度，即一个维度的变化不受另一个维度的影响，因此可以有多种组合方式。从图5-1中可以看出，对儿童既具有较高的要求，又具有较高反应性的父母为权威型父母；对儿童具有较高要求，但反应性较低的父母为专制型父母；对儿童具有较高反应性，但要求较低的父母为溺爱型父母；对儿童反应性与要求性均较低的父母为忽视型父母。

父母是个体教育的启蒙者，对其一生的发展有着深远影响，已有证据表明良好的亲子关系能够有效地预测儿童青少年较少的违纪、犯罪行为和攻击、退缩行为。

四种父母教养方式的具体特征如下：

权威型父母对儿童温暖而严厉。他们对儿童的行为有明确的规定和要求，并能严格执行，同时他们对儿童的期望与儿童的需要和能力相一致。他们既高度重视儿童自主性的发展和自我管理，鼓励亲子间的双向交流，能听取与接受儿童的意见，同时又承担管教儿童的根本责任。权威型父母以一种合理的、问题导向的方式来对待儿童，在有关纪律（discipline）的问题上常与儿童进行讨论并向其作出解释。

专制型父母高度重视儿童的服从和遵从，常爱使用惩罚的、专断的和强烈的纪律措施，很少运用言语讨论。因为他们深信儿童应该无条件接受父母所制定的规则和标准。他们不鼓励儿童的独立行为，相反特别注重限制儿童的自主性。

溺爱型父母在纪律问题上以一种易于接受、和蔼甚至有些顺从的方式对待儿童。他们较少对儿童的行为做出要求。赋予儿童高度的按照自己意愿行为的自由。溺爱型父母更可能认为控制是对儿童自由的侵犯，它会妨碍儿童的健康发展。他们不是积极地塑造儿童的行为，而更可能把自己看成是儿童利用或不利用的资源。

忽视型父母总是尽可能地减少必须花费在与孩子一起活动上的时间和精力。在极端的情况下，忽视型父母对儿童可能置之不理。他们对儿童的活动和去向知道很少，对儿童在学校或与朋友一起时的经历也不感兴趣，很少与儿童谈心，在做决策时很少考虑儿童的意见。忽视型父母以"自我为中心"，而不是按照有利于儿童发展的信念来抚养儿童，他们主要围绕自己的需要和兴趣来建设家庭生活。

心理学家西蒙兹在研究中发现，被父母接受的孩子一般都表现出社会所需要的行为，如情绪稳定、兴趣广泛、富有同情心等；被父母拒绝的孩子大都情绪不稳、冷漠、倔强而逆反；受父母支配的孩子比较被动顺从、缺乏自信、依赖性强；让父母服从自己的孩子有很强的进攻性。那些既尊重儿童的独立性又坚持自己合理要求的权威型父母有助于儿童形成自信、知足、独立、爱探索、自我控制、自我肯定、喜欢交往的性格特点；滥用家长职权的专制型父母易导致儿童不安全、压抑、忧虑、退缩、怀疑、无主动性、不喜欢与同伴交往且在能力、自信、自我控制方面表现一般；对儿童没有明确要求、奖惩不明的放任型父母易导致儿童不成熟、依赖、胆小、遇到新奇或紧张的事物会退缩等。

◎学会"爱的教育"

不同教养方式下的亲子关系会有不同的爱，当父母过分溺爱孩子或者过分忽略孩子时，都会导致孩子接收到扭曲的情感，从而可能影响其成年后的行为。

采取纵容放任、一味满足所有需求的方式教养孩子是典型的溺爱型家庭，这是"高度关心+低度控制"的结果。学者认为溺爱型家庭这样极其随意的家庭环境中隐藏着未成年人犯罪的倾向，但这种倾向是其他因素在溺爱教养方式的基础上带来的第二层次的影响。溺爱型家庭带来的第一层次的影响是未成年人会形成任性蛮横、胆大妄为、自私自利的人格特征，以致行为上有一定的越轨，但是大部分并没有从事犯罪活动。然而，如果这些未成年人长期难以明辨外界社会中人和行为的善恶，那么在受到不良因素引诱后很可能走上犯罪道路。可以说，溺爱型家庭的影响仅仅是这类未成年人犯罪的基础，此外他们还可能被动接受社会不良人员的诱导、互联网不良信息以及监护人性格等多重影响才会实施犯罪，这是溺爱教养方式与其他因素共同作用的结果。

溺爱型家庭出现的未成年人犯罪呈现出以下外在特点：

1. 犯罪客体复杂性。一方面，在溺爱环境中成长的孩子，自我中心性明显高于其他同龄人，这类未成年人很容易产生认知偏差，认为所有人都应该满足其需求。一旦他人不满足他们的要求，就会激发其暴戾、逆反的心理而导致其实施犯罪行为，如故意伤害、故意杀人等。另一方面，由于家庭的过度保护和物质条件的有求必应，他们并不缺少财富，于是转而去追求其他方面的刺激，如暴力、性侵、吸毒等，而犯罪类型恰恰与其追求的刺激密切相关。

2. 犯罪主观方面成人化和主体低龄化。亲子依恋理论提出孩子从 2 岁半起即开始意识到"目标—矫正"的伙伴关系，也正是从这一时期开始形成人格，因而在孩童时期接触的事物很大程度上会浸染未成年人的人格。在李康熙等人的调查中，溺爱型家庭中 30% 的父母没有意识到自己的行为，65% 的父母则认为就应该迁就孩子。[①] 实际上，在溺爱环境中成长的孩子，由于受到家庭的过度保护，其人际关系和同龄人相比往往较差，还接触非常多的外界刺激，如互联网信息等。在这些外界因素的加速作用下，未成年人更加容易早熟。早熟使他们在低龄时就接触与犯罪相关的事物，模仿他人从事犯罪活动。通过上述分析可以得出，溺爱型家庭出现的未成年人犯罪中，家庭教养是打下不良人格基础的影响因素，同时它所导致的自私蛮横、胆大妄为的不良性格可以说为未成年人后续藐视法律的犯罪思想进行了铺垫，但不可忽视其他不良因素更为重要的作用。溺爱型家庭出现的未成年人犯罪与其他类型相比最明显的特征在于该类未成年人犯罪受到外界不良影响更大，而家庭教育更处于消失状态。

冷漠型家庭，指采取不管不教少关注的方式教养孩子的放任性质家庭。冷漠型家庭是"低关心度+低控制度"的结果。这意味着成长在冷漠型家庭中的未成年人易呈现缺爱、防御性强、易

---

① 李康熙，王允龙，赵东.未成年人犯罪与家庭教育问题研究 [J].预防青少年犯罪研究，2016（3）：10-21.

受外界影响的人格特征。这一类型的家庭教养方式所引起的未成年人犯罪占据的比例很大。同样在李康熙等人的调查中发现,有34%的父母承认从未很好地履行教育子女的义务、纠正其错误,而是任由其发展。[①]形成冷漠型家庭的原因,通常有主观和客观两种:家长自身对孩子漠不关心,以及家长因为忙于其他事而不得已忽视了孩子。不论是主客观哪种原因,冷漠型家庭对未成年人日后可能的犯罪倾向的影响表现为:家庭环境造成的不良人格仅仅是形成犯罪倾向的一个开口,由于缺爱和易受外界影响,这类未成年人会主动投身于能得到一定关注的环境,而其最终是否会实施犯罪行为很大程度上取决于除了家庭以外能够给予其足够关注的外界社会因素。

冷漠型家庭中的未成年人犯罪呈现以下外在特点:

1. 犯罪客观方面、主观方面的暴力性。这类未成年人犯罪以侵害财产型犯罪居多,但其犯罪手段不再局限于盗窃等平和方式,而是以抢夺、抢劫等暴力方式进行。除侵害财产型犯罪,这类未成年人犯罪中故意伤害、聚众斗殴等也占据了很大比例。

2. 犯罪主体以农村未成年人居多、呈团伙化趋势。冷漠型家庭更多出现在农村地区,由于经济状况原因,监护人忙于生计而忽视了子女的教养,或者在外奔波而直接将孩子留给老人。

---

① 李康熙,王允龙,赵东.(2016).未成年人犯罪与家庭教育问题研究.预防青少年犯罪研究(3),10-21.

这些留守儿童通常因缺爱而养成孤僻的性格，非常渴望被关注，从小又没有得到家庭正确的道德规范教育，一旦受到不良人员的引诱，很容易和这些人一起走上犯罪道路，实施共同犯罪。通过上述分析可以得出，冷漠型家庭出现的未成年人犯罪中，家庭教养是推动未成年人触碰犯罪的重要影响因素，它更多扮演着推动者的角色，由冷漠教养方式养成的缺爱使未成年人毫无顾忌地进入所谓"兄弟情"的不良群体，进而实施犯罪行为。

矛盾型家庭，指父母采取极度不一样，甚至完全相反的方式教养孩子的家庭。矛盾型家庭是父母的关心度和控制度不一致的结果，即父母亲对待孩子的态度差异很大。这类教养方式经常伴随着父母的争吵，但父母和孩子相处模式差异显著，不论是否会因此产生争吵，都会对孩子的人格产生很大的不利影响。如果父母没有发生争吵，但是采用各自的方式和孩子相处，孩子被迫在完全不同理念铸造的环境里不停转换，长此以往会形成分裂、善于伪装的人格特征；如果父母因为观念的不同而经常发生争吵，这样表面上看似完整的家庭实质上已经破裂，在这种紧张氛围中长大的孩子就会形成厌世、冷漠的不健全人格特征。矛盾型家庭对未成年人犯罪行为的影响表现为：即便在矛盾型家庭中养成不健全人格，到实施犯罪行为仍有一定距离，但它为实施犯罪打下了基础，并且这种基础比溺爱型家庭更为显著，至少从内容上讲，在矛盾型家庭中养成的不健全人格更容易引起犯罪行为。矛盾型家庭是中国家庭中经常看到的一种类型，大部分人表示矛盾型家庭虽对自身成长有很大影响，但这种影响不足以导致其犯罪，通常接受良好的教育和同伴的陪伴会抵消这种影响。实际上，准确地说，矛盾型家庭教养在现实生活中不是一种独立的家庭教养方式，它是其他类型的家庭教养方式相加后出现的，如父母亲一方的冷漠和另一方的溺爱。

矛盾型家庭中出现的未成年人犯罪呈现如下特点：

1. 犯罪客观方面、主观方面高水平化。在矛盾型家庭中成长的孩子早期人格会比较分裂、冷漠和善于伪装，这对其之后实施犯罪行为有影响。矛盾型家庭中出现的未成年人犯罪倾向于未成年人采用较为复杂的作案方式和具有较为缜密的犯罪心理，而非简单的冲动行为。

2. 犯罪主体独立性。相较于冷漠型家庭中的未成年人渴望关注的特征，在矛盾型家庭中成长的孩子比较冷漠内向、不信任他人，所以犯罪时更倾向于单独犯罪，而排斥团伙作案。

矛盾型家庭出现的未成年人犯罪中，家庭教养类似于催化剂，起辅助作用，它与其他类型家庭教养方式相结合催生出独特影响。矛盾型家庭中出现的未成年人犯罪区别于其他类型最明显的特征在于，该类未成年人犯罪的复杂性，即犯罪手段和犯罪心理变得更加复杂。

◎未成年人保护视角的《反家庭暴力法》

《反家庭暴力法》是为了预防和制止家庭暴力，保护家庭成员的合法权益，维护平等、和睦、文明的家庭关系，促进家庭和谐、社会稳定而制定的，明确了政府、社会组织、自治组织和学校、医疗机构等各方职责，并设立人身安全保护令制度，切实保障家庭成员特别是妇女儿童的权益。

《反家庭暴力法》在详细规定家暴行为的基础上，突破传统关于暴力的物理认定，进一步探究精神暴力的认定，充分考虑未成年人的心理承受程度阈值，全方位保障未成年人不受家庭暴力的侵害。有关部门或组织严格按照相关规定，一旦发现未成年人受到家暴侵害，就应当及时对施暴监护人进行教育和惩罚。

2024年修订的《中华人民共和国未成年人保护法》特别强调了让未成年人远离家庭暴力的重要性。法律明确规定，未成年人的父母或其他监护人不得虐待、遗弃、非法送养未成年人或者对未成年人实施家庭暴力。并且，父母或其他监护人应为未成年人提供安全的家庭生活环境。同时，法律还建立了广泛的监督机制，要求任何组织或个人发现家庭暴力情形时，有权进行劝阻、制止或向有关部门检举、控告。对于违反法律的行为，将依法追究责任，并为受到家庭暴力侵害的未成年人提供必要的救助措施。这些规定共同构筑了保护未成年人免受家庭暴力的法律屏障。

2. 远离校园暴力

◎ 校园霸凌何以发生

近年来，通过网络盛传的校园霸凌视频及屡屡见诸报端的霸凌事件报道，使之前仅仅被视为个案性和事故性的校园霸凌现象进入公众视野。

公众对校园霸凌的关注、热议甚至焦虑实际上是通过传媒了解相关情节后产生的一种必然反应，而原因不外乎以下三点：首先，校园霸凌行为的恶劣性颠覆了公众的常识性认知并使其产生了惊愕。因为当围殴、暴打、脚踹、烟头烫、性凌辱和粗言鄙语等行为真实发生在学龄期的未成年人身上时，大家都无法想象这些行为竟是由一直被认为单纯、文明、礼貌和以学业为主的学生们实施的。其次，与这种惊愕反应相伴随的可能是公众对自己的子女，或者从更深远的意义上而言，是对未来一代的担忧。最后，在这种惊愕和担忧之余，更多的是强烈的问题解决期盼。公众希望从整体社会层面对校园霸凌进行积极应对和科学干预，为包括自己子女在内的未成年人学习成长创造一个安全和谐的校园环境。

校园霸凌产生的原因如下。

家庭教养方式不恰当。一般认为，父母对子女的教养态度可分为四种类型：专制型、溺爱型、放任型和民主型。其中，专制型、溺爱型、放任型这三种教养方式是引发中小学生实施霸凌行为的常见原因。在专制型家庭中，父母对子女的管教，态度严厉、强硬，方式粗暴，子女在这种氛围的影响下容易养成暴躁的脾性，与同学发生矛盾时较易采取霸凌的方式解决；在溺爱型家庭中，父母对子女过分呵护、偏袒，久而久之使子女以自我为中心，不考虑周围人的感受，遇事不如意时便怪罪他人，强制实施霸凌行为；在放任型家庭中，父母对子女的管教放任自流，使子女养成放荡不羁的性格，易用霸凌行为对人对事。另外，离异家庭、家暴家庭、犯罪史家庭的孩子以及无监护人管教的孩子，相对正常家庭子女有更多的霸凌行为倾向。

学校德育工作不充分。《国家中长期教育改革和发展规划纲要（2010—2020年）》明确提出"坚持德育为先"，在这一战略措施的引领下，所有学校在育人目标中提出了"德育为先，育人为主"的口号，可见在学校实际教育教学中，"重智育轻德育"的教学观念依旧盛行。就目前的中小学道德教育情况来看，大部分学校的德育工作仅停留在说教上，开展德育活动也只注重形式，不注重思想道德教育的实际效果。这种教育方式对学生养成良好的道德品行起不到真正的促进作用，由于对德育的忽视，中小学生也很难形成正确的道德观。在应试教育的驱动下，德育只是作为学校的附属品而存在，发挥不了德育对端正行为的作用，中小学生在德育失效的环境中成长，出现霸凌行为也就不奇怪了。

社会监管力度不到位。著名教育家陶行知认为，社会即学校。社会是个大课堂，人的发展总离不开其所处的社会。随着社会的快速发展，游戏厅、网吧、歌舞厅等场所逐渐增多，可能还会建设在学校周边。校园周边治安管理较差，打架斗殴、敲诈勒索、为非作歹等时有发生。此外，文化市场管理失范，带有暴力内容的影视、书刊以及泛滥的网络信息铺天盖地而来，严重影响中小学生的学习和生活。中小学生心智不成熟、自制力弱、模仿力强，在复杂的社会环境中，没有正确观念的引导，很容易歪曲价值取向，模糊道德认识，从而做出有悖行为规范的事，校园霸凌就是在这种情况下逐渐滋生的。

现行法律体系不健全。目前，我国并未设立专门针对校园霸凌的法律，惩处校园霸凌只能援引《刑法》《民法典》《治安管理处罚法》《未成年人保护法》等相关法律法规。中小学生实施霸凌行为后，由于年龄限制，法律几乎未对其做出应有的处罚，而是"一放了之"，霸凌者主观上就会认为社会对霸凌行为是不加管制的，产生蔑视法律的心理，在这种心理的驱使下，反复霸凌行为的发生就有了可行之机。

◎旁观者如何行动

旁观者是指在特定环境中发生相关事件时，身处事件中的人目睹了事件的发生，在一旁观看而不介入事件当中的人。这些人虽然不直接参与事件本身，但是基于个人的态度或者行为会影响事件的发展。几乎80%的霸凌事件都有旁观者不同程度的介入，各种因素会影响他们与霸凌事件的关联程度，而关联程度则会进一步影响旁观者是否采取行动以及采取何种行动。此时，就会在众多旁观者中分化出不同的旁观者类型，也就产生了不同特点和行为方式的旁观者,即不同的旁观者角色。

当前对于旁观者在校园霸凌预防及干预中的角色和作用关注日渐增多。我们鼓励每个人成为同伴冲突的调停者,让沉默的大多数不再沉默。大多数的旁观者,是避免校园霸凌发生的第一道防线,而且旁观者的干预与成人干预的效果相比也是最为直接的。

加强反霸凌教育,提升旁观者干预意识和干预能力。霸凌行为不仅对校园安全和校园秩序造成破坏性影响,而且会催生被霸凌者厌学、恐慌等不良情绪,不利于其成长和发展。有必要定期进行专题式的反霸凌教育、讲座,或是通过角色扮演、观影等方式提升潜在旁观者对霸凌行为危害的认识,让其认识到围观、起哄实际上会导致霸凌恶化,袖手旁观也是变相地"助纣为虐",在不同程度上加剧了霸凌行为。但应注意的是,鼓励旁观者积极干预霸凌行为,并不意味着要求其盲目采取行动,而是要在保证自己安全的前提下理智应对,如果面对不存在明显危险因素的情境,则可以直接保护被霸凌者,但是如果面对的是霸凌者人多势众、持有武器等危险情境时,则应选择报警或者向老师、家长求援。具体而言,可以参考"三步法":一是叫停,口头上制止霸凌行为;二是走开,在口头警告无效的情况下直接走开;三是求助,向成年人求助,遇到危急情形先报警,再拨打医院急救热线。

目前比较有代表性的是国外的"挺身而出"(Stand Up)项目。该项目通过小组讨论、角色扮演的方式让旁观者明辨是非、体验受害者的痛苦,进一步增强其同情心。同时对旁观者进行赋权阻止霸凌，促使其把握对霸凌者和被霸凌者双方进行调停的最佳时机。因为他们是首先接触校园霸凌的群体，他们的行为直接关系到校园霸凌中受害者的受伤害程度，以及对于霸凌行为的干预效果。"挺身而出"项目的优点在于：调停者为冲突的双方提供了一个公正的裁断；学生主导的调停可使冲突的双方免于对成人及对纪律的恐惧；同伴调停也可以使冲突的双方学会倾听别人的观点，尊重别人的价值观，提高沟通能力、问题解决的能力以及批判性思考的能力。在营造学校和谐的校园文化中，每个成员都应该发挥主人翁意识，承担起自己的责任。

◎用法律武器向暴力"亮剑"

近年来，校园欺凌事件频频发生，已经成为一个不能回避的社会问题。校园欺凌事件及其治理也逐渐成为社会广泛关注的热点话题。2016年4月，国务院教育督导委员会办公室向各地印发了《关于开展校园欺凌专项治理的通知》，要求"各地各中小学校针对发生在学生之间，蓄意或恶意通过肢体、语言及网络等手段，实施欺负、侮辱造成伤害的校园欺凌进行专项治理"[1]。此次专项治理覆盖全国所有中小学校，规模和涉及面前所未有。2016年11月，教育部联合中央综治办、最高人民法院、

---

[1] 沈亮，杜国强，冉容，等.国务院教育督导委员会办公室印发《关于开展校园欺凌专项治理的通知》[J].中国应急管理，2016（6）：25.

最高人民检察院、公安部、民政部、司法部、共青团中央、全国妇联等部门印发了《关于防治中小学生欺凌和暴力的指导意见》,要求加强教育预防、依法惩戒和综合治理,切实防治学生欺凌和暴力事件的发生。[①]

《未成年人保护法》将校园欺凌明确定义为"学生欺凌",指发生在学生之间,一方蓄意或者恶意通过肢体、语言及网络等手段实施欺压、侮辱,造成另一方人身伤害、财产损失或者精神损害的行为。并对学校防治校园欺凌作了专门的规定,包括建立防控制度、开展教育培训、家校协作等。学校是霸凌行为发生的"主战场",压制霸凌气焰,扑灭霸凌火苗,学校具有不可推卸的责任。研究表明,以学校为基础的干预能够显著降低校园霸凌的发生率。在德育管理方面,完善德育管理体制,建立与社会发展相一致的德育内容体系。切忌德育内容表面化,脱离学生实际,结合教学开展德育工作,使德育和智育同步整合。转变德育观念,把德育由"突击"管理转变为"常规"管理,发挥德育管理的主动性、时效性,把霸凌扼杀在摇篮里。在校园管理方面,扩大校内监控范围,把校园死角、隐蔽处等也纳入范围。校园管理要与周边社区治安管理相结合,联防联控,净化校园内外环境,努力建设平安校园。学校要成立心理部门,配备专业心理教师,对有霸凌倾向的学生进行一对一的心理疏

---

① 九部门印发《关于防治中小学生欺凌和暴力的指导意见》[J].中国德育,2016(22):1.

导，定期举办"反霸凌"宣讲会，辅以霸凌典型事件、视频、新闻等讲解、宣传霸凌行为的危害。

《未成年人保护法》就学生欺凌专门规定了父母的义务，包括配合学校处理好欺凌事件，不得放任未成年子女欺凌他人。我国现代著名教育家陈鹤琴先生曾在《家庭教育》中写道："一个人知识之丰富与否、思想之发展与否、良好习惯之养成与否，家庭教育应实负完全责任。"家庭教育贯串孩子成长的始终，而发挥好家庭教育的功能，家长具有至关重要的作用。首先，家长应明确第一责任人意识，严于律己，以身作则，提高自身素质，为孩子树立榜样；其次，采取民主型的家庭教养方式，当孩子遇到问题时家长要善于同孩子沟通交流，不能用简单粗暴的方式解决问题，增进亲子互动，营造和睦家庭氛围；再次，教导孩子辨别是非善恶，帮助孩子抵制不良诱惑，锻炼孩子自我保护的能力，使其具备良好的道德意识和法律意识；最后，培养孩子亲社会和移情能力，教导他们和同学友好相处，用正确方式对待同学间的关系。

我国《民法典》目前有关学校霸凌事件的规定，是参照侵权责任的人身损害赔偿的规定进行适用的。对于校园内的霸凌事件，行为人所承担的损害责任通过民事赔偿责任来体现，大部分的校园霸凌案件中行为人为14周岁至16周岁的未成年人，但已满16周岁、以自己劳动收入为主要生活来源的未成年人视为完全民事行为能力人。此项规定，赋予此年龄段的学生能够通过自己的劳动收入来承担其造成的损害后果。

总之，未成年人在面对校园霸凌时，千万不要忍气吞声，要及时向老师、家人求助，也可以拿起法律的武器保护自己！

3. 远离性暴力

◎未成年人性教育的重要性

性是人类的一种自然生理现象，青春期是未成年人性生理发育的重要时期。在此阶段，他们面临着成长的烦恼与困惑，以性成熟为主的一系列变化，包括身高、体重、体型、内分泌等生理变化，会让他们手足无措，需要成年人的积极引导和耐心关怀。抓住这个人生发展的重要阶段对未成年人进行性教育，对促进未成年人的健康成长具有特别重大的意义。但我国未成年人性心理发育普遍滞后于性生理成熟，而在青春期，如果缺乏正确的性教育和引导，未成年人则会产生对性发育的疑惑、神秘感、压抑感、罪恶感，以及手淫困惑、性意识困扰和性行为失当等问题。未成年人自我形象的确立、健康人格的养成、良好人际关系的建立都与性教育密切相关。

长期以来，我国性教育受"谈性色变"的保守思想所限难以推进，未成年人对性和性安全知之甚少，人们把从青春期开始就产生的性需求视为不健康的思想，甚至视为淫秽观念，总是从道德层面被要求压抑或控制自己的性需求，如同治水一样，如果总是采取堵的办法，就不能从根本上解决问题，如果要从根本上解决问题，就必须采取疏导的办法。频发的性侵未成年人案件，尤其是重大强奸、猥亵未成年人案件与未成年人性安全意识薄弱不无关系。未成年人面对被强奸、猥亵危险的识别能力、应急能力低下及性侵害发生后的隐瞒、忍受，在很大程度上都根源于性知识以及性安全知识的匮乏。因此，积极推广性教育迫在眉睫。

在中国，处于青春期的未成年人有3亿人左右，每年还有约2000万人进入青春期，做好未成年人的青春期性教育，对于维护社会稳定与促进社会和谐具有十分重要的意义。仅从道德层面认识和解决青春期性教育问题，只能事倍功半。因此，在对待青春期性教育问题上，一方面，必须进行一次思想解放，另一方面，在法律上将人们合理的性需求加以保护，这是解决中国青春期性教育的治本之策。

对于青春期性教育，家长负有不可推卸的义务。然而，中国大部分的家长一方面自身没有接受过全面的性教育，另一方面羞于在孩子面前谈论性问题。因此，首先要给家长补课。补课的方式有多种：一是鼓励街道和社区开展性教育讲座，在街头长期设置性教育栏；二是鼓励企业工会为广大职工提供性教育、性健康和性和谐的知识讲座；三是从行业协会层面建立全面的和健康的性教育网络，为国民普及性知识提供健康的渠道。家长是孩子人生的第一位老师，性教育包括青春期教育要从幼儿开始，让孩子从小树立正确的性观念，既要防止因性解放而产生的一系列社会问题，也要防止"谈性色变"，使年轻一代从小树立正确的性观念，使青春期成为人生最美好的花季，而不是"逆反期"或"叛逆期"。

在青春期性教育问题上，学校居于不可或缺的位置。未成年人即使在家庭中得到了一定的性知识，也很少是全面和系统的，在这一点上，学校任务艰巨。国家要根据不同年龄层次未成年人的理解和接受程度，提供符合高年级小学生、初中生和高中生需要的青春期性教育科普教材，内容应该包括性生理、性心理、性道德、性法制、性卫生、性安全和性审美等部分。[①]从小就让未成年人敢于直面性问题，而不是表面上羞于提及性问题，背后却渴望对性的了解。让进入青春期的学生可以通过正常的渠道获取完整的性知识，而不是片面的性知识。与此同时，学校也应该聘请专家为学生提供相关知识的专题讲座，拓宽学生了解性知识的渠道。

◎警惕身边的坏人：谈谈熟人强奸

性侵未成年人的犯罪规律及其预防研究历来为理论界和实务界所重视和关注。世界卫生组织将性侵未成年人（儿童性虐待）界定为"在儿童尚未完全理解性行为（因为他们发育并不充分，无法做到知情后同意）的情况下将之被迫卷入其中的一种违反法律或社会禁忌的行为"，其对儿童身心健康和社会稳定

---

① 李一飞.论高中生的青春期性教育［J］.中国性科学，2011，20（9）：30-33.

发展具有严重破坏性，因此成为全球公共卫生问题。与传统的陌生人强奸相比，熟人强奸的犯罪成功率更高。这是由犯罪嫌疑人在作案前进行的精心预谋、受害人自身警惕性不足、受害人担心名誉受损或遭到报复而产生软弱心理等因素综合导致的。

在大部分熟人强奸犯罪中，犯罪嫌疑人与受害人的关系可能是朋友、同学、同事、师生、恋人、亲属甚至是近亲属，彼此在日常生活中有较多可以正常接触的场合，给犯罪嫌疑人预谋实施犯罪带来了充足的机会。为了保证作案成功率与自身安全，犯罪嫌疑人在实施犯罪之前，往往首先选定受害人的范围，利用与对方的正常交际长期调查潜在侵犯目标，研究其性格特点，对侵害对象进行仔细的筛选；而最终确定目标后，他们会挑选作案时间与地点，分析各类状况下的作案风险，制订作案计划，实施各项必要的准备工作，之后犯罪嫌疑人便通过诱骗等方式将受害人带到家中、宾馆等事先预谋的作案现场实施侵犯。平日里受害人也难以察觉对方的隐蔽性企图而缺乏相应的警惕性，甚至会向犯罪嫌疑人做出的一些表达亲昵或友好的举动，这就给了犯罪嫌疑人足够的试探性空间与时间。此外，部分受害人的自身身体或性格缺陷也在日常与犯罪嫌疑人的接触过程中暴露给了对方，促使作案人不断针对受害人的弱点调整作案计划，以保证作案成功率。

马某某（男，43岁）是某小学保安，被害人小雨（女，8岁）是该校二年级学生。2017年5月中旬，马某某在小学水房内遇到独自前来打水的小雨,他假装帮助小雨打水,故意把水溅到小雨裤子上,以帮小雨擦拭水渍以及检查她有无烫伤为由,将小雨抱坐在大腿上,亲吻小雨的胳膊、嘴唇,并把手伸进小雨的裤子内抠摸隐私部位,对小雨实施猥亵行为。2017年6月某日,小雨放学回家,马某某假借打招呼的名义得知小雨家中无人,便尾随小雨到家,以参观为由进入小雨家中,再次对小雨实施猥亵。2017年7月某日放学后,马某某再次尾随小雨到家,以辅导功课为由骗取小雨信任,对小雨实施奸淫行为。当晚,小雨母亲在为小雨洗澡时发现异常,询问后得知小雨被马某某性侵,随即报警,马某某于当日被抓获。[1]

相较于传统的强奸案件,熟人强奸案件具有极强的隐蔽性。这里的隐蔽性有两层含义:一方面指犯罪嫌疑人在案发前的犯意流露极少,令受害人难以察觉防范;另一方面指案发后此类案件暴露程度低,被害人一般不愿报案,司法机关追查极为困难。

一般情况下,对于强奸案件的定性需要形成由嫌疑人供述、受害人陈述、证人证言、现场勘查获取的物证、法医活体鉴定报告等证据组成的证据链。但是在司法实践中,侦查人员的取证工作遇到了一些难点,导致难以准确定性,影响后续工作的

---

[1] 海淀法院发布性侵害未成年人之熟人作案典型案例［EB/OL］.［2020-06-20］. https://www.thepaper.cn/newsDetail_forward_7921757?ivk_sa=1023197a.

开展。一是受害人意志认定难。在熟人强奸案件的审查中，确定是否为"嫌疑人所为"比较容易，但证明"是否违背妇女意志"则难度较大。许多熟人之间的强奸案由于案发于私密空间，犯罪嫌疑人既未实施暴力、胁迫手段，受害人又未反抗，用于判断受害人是否自愿的证据可能只有嫌犯供述、受害人指控，而没有其他物证、人证加以支撑。这种一对一证据关系形成的证据链极为薄弱，原本就难以准确认定受害人是否自愿、是否确有犯罪事实存在、受害人是否夸大陈述等案情信息，一旦嫌疑人翻供，案件就更加难以定性。二是取证与固定难。有一部分受害人在案发后未及时报案，选择隐瞒或者要求私了，既使得嫌疑人有足够时间销毁罪证，现场勘查、提取物证等都难以开展，又使得受害人错过了法医活体鉴定的有效时间，削弱了反抗伤痕等重要证据的效力，同时其不妥当的处理方式也进一步增加了侦查人员对其意志认定的难度。

防止熟人强奸案件的发生，很大程度上要依靠被害人自身的防范，加强防范意识，防止自身受到性侵害。针对受害人，要加强教育，增强未成年人的自我保护意识、性防范和证据保留意识，告知受害人及广大未成年人一旦遇到此类犯罪应冷静处理，在嫌疑人实施犯罪过程中要利用两人之间的关系，对其晓之以理动之以情，并告知其行为已触犯刑法，将会受到刑法制裁，以此消除对方犯意；若实在无法反抗，则受害人需要尽可能保护自己，避免遭受重大人身伤害，另外要记得在反抗过程中多留下证据，如撕扯对方衣物、纽扣，在对方身上留下明显的抓痕，对案发现场的物品进行破坏，留下反抗与搏斗痕迹。而在案发后不要接受嫌疑人的威逼利诱，应在脱离嫌疑人控制后第一时间报警，并注重保留相关证物。

◎遭遇性侵犯，怎样将伤害降至最小

在我国，缺位的性教育与扎根在主流意识中的性耻感使得大多数人缺乏对性侵害的了解，甚至形成偏见。但了解它是正确面对它的基础，每个人都应该认识到：**性侵害不是羞于启齿又惹人遐想的耻辱经历，而是会对受害者造成严重身心损伤的犯罪行为。**

研究表明，17%~65% 有过被性侵经历的女性会产生创伤后应激障碍（PTSD）。PTSD 是一种可持续数年的精神障碍，患者可能表现出反复闯入的创伤性体验重现、噩梦、持续性警觉性增高、对未来失去信心等多种症状。13%~51% 的受害者符合抑郁症的诊断标准，这些受害者会持续感到悲伤和无助。绝大多数性侵受害者产生恐惧或焦虑，而 12%~40% 的受害者甚至患有广泛性焦虑症，总是提心吊胆、紧张不安，情感上无助、紧张，难以得到他人理解，经常处于崩溃的边缘。担忧甚至导致她们肌肉紧张、容易疲劳、睡眠困难。许多受害者过于无助和悲伤，并且害怕家人朋友不理解自己，为了逃避痛苦会开始物质滥用。13%~49% 的性犯罪幸存者会产生酒精依赖，28%~61% 会使用其他违禁药物，这些物质可能严重损害他们的身体健康。最严重的结果就是自伤和自杀行为。23%~44% 的受害者都会产生自杀的念头，而 2%~19% 的受害者真的会尝试自杀。也许有的尝试并不意味着受害者真的想要结束生命，但是这意味着他们正遭受着极大的痛苦[①]。

除此之外，性侵经历还会造成受害者低自尊，一些受害者会产生内疚、羞耻和负罪感，甚至无法再与他人建立亲密关系。一些身体上的伤害也会给受害者造成长期的痛苦，如性传播感染、怀孕、生育功能受损等，这些在儿童受害者身上尤为突出，在根据真实事件改编的电影《素媛》中，素媛就不得不安装人工肛门，终身同便袋一起生活。

因此在遭遇性侵害后，一方面要积极寻求法律帮助，另一方面要关注被害人的心理健康。具体而言，若未成年人遭遇性侵害，他们自身和家长应该怎么做呢？

第一阶段：保留证据。遭遇性侵不要有羞愧自责的情绪，也不要有拼死反抗的想法。性侵案中错的是犯罪者，而不是受害人。在确认安全的情况下，第一时间把证据保留下来。

不要洗澡，虽然残忍和痛苦，但无奈的是，性侵案里，身体是最重要的证据。一旦洗澡，对方的体液等证据就会变得不完整。正确做法是尽可能保留沾有对方体液的物品，如纸巾、衣物、床单、避孕套等，并用塑料袋等单独保存。

求助大型医院或司法鉴定机构。最好的选择是司法鉴定机

[①] 作为旁观者，我们应怎样面对性侵害 | 拒绝二次伤害 . [EB/OL] . [2017-06-27] . https://www.sohu.com/a/152538744_590837.

构，如果附近没有，二级乙等以上的医院也可以。进入鉴定机构或者医院后，会发生一些与留存证据相关的检查。害怕的话，就麻烦医生慢一点，轻一点。医生会提取阴道等处残留的体液并妥善保存，如果有一些创伤发生（如阴道撕裂伤、抓伤、软组织挫伤等），也可以请医生一并验证记录。

请医生出具诊断证明书，记得妥善保存并且拍照存档。

第二阶段：去派出所。犯罪发生后，最好能第一时间报案。第一时间报案是最理想的情况，也是最佳选择。一方面可以让警方获知警情，另一方面也有利于证明所受侵害违背意愿。但遭遇了性侵这样的事情，很多时候会有各种各样的不得已，在身心极度脆弱的情况下，可能很难再次回忆一遍案发情况。这时候可以先保存好证据，选择尽快报案。

提交犯罪事实的证据材料。一般来说，警方会询问案发情况并记笔录。这一阶段会涉及性侵案的具体细节，难免会让受害者感到痛苦。警方会尽可能理解受害者的心情，但为了抓住犯罪者，他们需要证据和经过。详细描述案发经过，出示相关证据材料，事后取得的音像资料也可以，这些都对抓到犯罪人尤为重要。

尽可能证明侵害是违背意愿的。遭受侵害后还要证明自己是不愿意的，这是认定强奸罪的关键之一。报警及时、报警时真实的情绪、强迫行为造成的创伤、医学诊断证明书等，都是证明违背意愿的间接证据。若此类证据确实不够，要尝试从对方口中获取案发当时的蛛丝马迹并录音录像，纵使万般无奈，也不能放弃这种可能。

第三阶段：保护自己。紧急避孕与性病预防。在医院采证的同时，可以麻烦医生开一下紧急避孕药。若医疗条件允许，最好一并获取 HIV 阻断药物，避免以后可能的二次伤害。由警方带领到指定医院妇科、性病皮肤科等科室检查，主要的项目有白带常规、梅毒、淋病、支原体和衣原体等。留好病历记录和发票，作为证据。

寻求心理咨询。肉体的伤害可以愈合，但对受害者来说，更漫长的是心理的重新建设。及时的心理咨询可以提供一定的帮助。要重新鼓起勇气，相信正义的到来。

这样的事情无疑会给未成年人留下巨大的心理创伤，这时候家长可以带孩子去一些正规的医院咨询心理医生，由心理医生来给未成年人做心理疏导，帮助他们走出阴影。心理医生都是比较专业的，有了他们的疏导相信孩子能够更快地恢复过来。尤其是性侵害犯罪人是被害人的熟人的情况下，应当采取一些必要的措施防止被害人再次接触到犯罪人，如应当禁止熟悉的犯罪人释放后居住到被害人的周围。也可以考虑将性侵害案件的未成年被害人心理救助纳入国家救助范围，就像在刑事诉讼中对未成年人提供法律援助一样由专门的未成年人被害人心理辅导机构援助办理，不仅对受害的未成年人进行心理治疗，而且对其家庭人员进行一定的心理辅导，以利于帮助未成年被害人更快地走出心理阴影。

家长也应多关爱陪伴孩子。遭遇性侵犯，孩子往往会失去安全感，对周围的一切事物极度不信任，这时候孩子的家长一定要给予孩子足够多的关爱与陪伴,让孩子感受到爱与温暖,这样才能够击退孩子心中的阴霾,让孩子重拾对这个世界的信任。

◎荒谬的受害人有罪论

社会上有一种普遍存在的情况,当一个年轻貌美的女性被强奸后,许多人总是倾向于指责女性,认为她穿着暴露容易招惹犯罪分子,这就是受害者有罪论。受害者有罪论,即认为受害者之所以被害,是因为其自身存在问题的一种言论。

首先,受害者是不是好孩子跟穿着打扮、出行时间没有必然关系,女孩穿短裤短裙不代表她不是好女孩,男孩夜晚出门也不代表他不是好男孩。其次,受害者个人做出的选择好坏也不是由旁观者去评价的,简单来说,旁观者不是当事人,他们没有资格去进行评论。

所以不要对受害者予以侮辱和污蔑,认真审视问题,即为什么犯罪嫌疑人会犯罪才是最关键的,而不是去羞辱受害者,让受害者和受害者的家庭受到二次创伤。

4. 远离网络暴力

◎网络暴力的表现形式

网络暴力最初的表现形式是网络语言暴力,网络语言暴力是以网络为媒介、以语言为武器，对个人或群体进行身心上的伤害。网络作为虚拟的交流平台，其语言形式和我们日常生活用语是没有太大差别的，在一些带有暴力色彩的语言表达中，除了特有的网络用语，网络暴力语言和日常用语基本相似。当有中学生在论坛、博客及一些特定的网络社交平台上发表个人言论以及展示个人行为活动时，会有其他人跟进并对此发表个人看法，然而，不同的个人见解往往会导致争执，严重时有人甚至会采用带有攻击性、侮辱性的语言。

除了网络语言暴力，近两年兴起的表情包潮流通过PS技术进行图片"移花接木"，并配上搞笑的文案，在未成年人网络社交中颇为流行，但不少恶搞表情包是盗用他人照片进行制作的，还涉及暴力、色情信息，不仅侵犯了照片当事人的肖像权，也让收到表情包的未成年人感觉到不适。

施暴者通常针对特定对象在互联网虚拟空间中夸大事实或捏造不实谣言进行传播，利用网络传播的便捷性和实时性，鼓动更多网民加入进行言语讨伐、谩骂与侮辱，给受害者带来一定的舆论压力。现如今网络社交平台中不乏随意中伤、辱骂他人的"键盘侠"，不少未成年人群体是"追星族"，为了提高自己偶像的人气，一些未成年人在网络社交平台上恶意造谣、辱骂其他明星，进而引发未成年人粉丝的"骂战"，破坏了网络环境，自己也成为网络暴力的受害者。

网络社交平台、直播平台、短视频平台、视频网站弹幕等都成为未成年人表达自我、进行社交的场所，但这些网络空间常常充斥着网络谣言和暴力色情内容。

除网络语言暴力外，隐私曝光、"人肉搜索"等网络侵权行为是网络暴力的另一重要表现形式。

"人肉搜索"是网络暴力行为影响到现实的一个主要路径，是借助各大网络搜索引擎，针对某一个问题进行在线寻求问题结果的过程。"人肉搜索"为人工信息服务提供便利，也需要对网络道德行为再度进行思考。网络低效监管导致各种网络信息乘虚流入，在网络虚拟空间中聚集的不同阶层、不同文化程度的网民更有可能对被搜索人进行侵犯隐私的"人肉搜索"。"人肉搜索"最开始是由网民以某位当事人或特定人群行为失范为由，借助网络平台发布相关信息，给出一定的线索，号召、煽动其他网民从不同途径挖掘当事人的具体个人信息并将隐私公之于众的网络搜索方式。"人肉搜索"借助网民力量，将"现实熟人社会"中的人际关系分享到虚拟网络空间中，从而拼凑出当事人的完整信息，满足网友的猎奇、泄愤等心理。"人肉搜索"是发生于虚拟网络空间的一种集体行为，美国社会学家斯麦尔斯认为，集体行为理论对"人肉搜索"行为具有较强解释力。一方面，声势浩大的网民对当事人进行群体攻击，导致被"人肉搜索"的对象处于非常弱势的地位，被搜索者既不知道泄露信息的网民到底是谁，也不知道如何才能终止"人肉搜索"，更不清楚此次事件会发酵到何种程度、产生何种影响。另一方面，结合沉默的螺旋理论，"人肉搜索"中当事人和质疑"人肉搜索"行为的人是弱势群体，实施"人肉搜索"的群体意见占据绝对优势，此时如果有人提出质疑和反对则有"惹祸上身"的危险，因此弱势群体的声音会越来越小，影响力也会越来越小。

过度"人肉搜索"影响被搜索人正常的学习生活，情节严重的将侵犯他人隐私权利。《未成年人保护法》相关规定也指出任何组织机构或个人不得披露未成年人个人隐私，对于侵犯未成年人隐私的将给出相关行政处罚。

"人肉搜索"形式下对被搜索人的身心造成极大的伤害，严重影响正常校园学习生活，甚至有时"人肉搜索"的结果出现偏差时对另一个无辜受害者的伤害也是难以磨灭的。

暴力行为发生于网络中，但是带来的严重后果也有可能影响现实生活。网络暴力的开端往往是首先发生在虚拟空间内的，但是经过不断传播和发酵，最后会在现实生活中对当事人甚至其亲友进行侵扰，进而侵犯当事人的名誉权、隐私权、财产权等合法权益，给当事人带来巨大的精神压力和现实压力。

◎网络暴力如何发生

社会环境是网络暴力滋生的土壤。首先，由于网络实名制采取的是"前台自愿、后台实名"原则，即使完成了网络实名制，网民在发言时依然可以隐藏自己的真实身份，仅用虚拟的身份标志号码（网络 ID）形式出现，互联网上的交流依然处于匿名状态，甚至有部分未成年人使用父母或他人的身份证注册网络账号。保持匿名使得人们相对更容易发出偏激、带有感情色彩的言论，导致网络成为个体实施欺凌行为的绝佳平台。利用网络对他人进行言语骚扰、辱骂等行为不易被追查责任，施暴者更容易达成目的，客观上未成年人更容易陷入施暴者的身份之中，从而更少意识到自己行为的严重性。其次，由于网络社交参与难度较低，网民素质参差不齐，网络平台上的信息量较大，网络事件的真伪难以被调查，理性且具有批判性的观点较少，海量信息将年轻的网络使用者们迅速包围，使得未成年人难以分辨信息真假，对现实产生认知偏差，影响理性思考和判断能力。

媒体"眼球经济"推动网络暴力的传播。在这个"流量为王"的时代，网络平台也日益成为各类商家竞相关注的兵家必争之地。网络平台主要以广告收入为主要经济来源，而广告商家则需要投放广告的网络平台吸引大量的网民前来观看，所以不少网络媒体平台为了提升点击率，迎合网民的喜好筛选、制作信息传播内容，新闻内容编辑者也变成"标题党"骗取网民的点击率。在具有开放性的网络空间里，吸引网民眼球、引导舆论走向的力量并不是理性的思考和正确的价值取向，而是舆论场上的浩大声势以及具有煽动性的言论等非理性因素。因此，对于网络平台而言，"网络暴力"就意味着"网络暴利"，网民的狂热讨论以及舆论的传播带来的是源源不断的流量和网站收入，然而这种"眼球经济"很容易导致网络信息真假难辨、价值观念动荡不稳等严重后果，进而催生和助燃网络暴力行为。

未成年人在网络暴力中既可能是施暴者，即网络暴力主体，也可能是受害者，即网络暴力客体，也有可能两种身份相互叠加，未成年人全面浸入网络环境中,遭受网络暴力伤害的概率大大增加。未成年人作为互联网"原住民",无论是学习还是生活都跟网络有着密不可分的联系,并且随着手机等移动终端的普及、学校校园网的覆盖,未成年人能够随时随地身处网络环境之中。

未成年人处于身心双重发展的特殊时期,而生理和心理的发展并不总是同步的,具有不平衡性,在这个时期青少年的独立意识和逆反意识逐渐萌芽,他们会反感家庭和学校的严苛管束,认为自己已经长大成人有一定的思考能力了。相对于家庭和学校环境,网络环境相对较为宽松和自由,所以未成年人一旦在现实中感到压抑就可能投身网络中寻求释放,在网络中寻求认同感和自由感。除此之外,未成年人的思辨能力和决策方式并不成熟,自律意识较为淡薄,因此对于自己的网络行为缺乏自我约束,在缓解内心压力时往往选择了错误的方式。

未成年人多在学校生活,普遍缺乏社会阅历和体验,且面临升学的巨大压力,因此他们看待问题具有片面性,只看到消极的一面而忽视积极的一面,对社会发展过程中遇到的问题缺乏包容和理解,常常产生强烈的剥夺感和逆反情绪。因此,未成年人遇到网络社会热点事件时难以相信官方宣传、正面说法,而倾向于相信部分网友捏造的"阴谋论",倾向于采取激烈的手段来解决问题。未成年人可能因为身体状况、生活条件等自尊心受挫而产生自卑心理,在现实生活环境中有自卑心理的学生常常无法寻求自卑的补偿方式。然而,在网络活动中,各种暴力至上的言论、事例会歪曲未成年人的是非、善恶评价标准，使其认为暴力行为并不总是错的，甚至认为暴力行为可以"更有效地"解决问题，从网络暴力中找到成就感和满足感，以至于崇尚暴力，因此其网络行为就表现出较强的攻击性，而这种攻击性的行为言论会让他们摆脱现实中低人一等的自卑心态，使其心甘情愿沉溺于虚拟的网络世界中。

◎对网络暴力说"不"

未成年人应避免盲目地在网络上发表过激和不当言论。在网络平台上发声时，要注意辨别事情真相，调整看问题的立场和角度，在网站、网络游戏、新媒体平台上看到不实言论应该力所能及地去澄清真相；在与其他网友交流时应注意情绪和用语文明，提升个人网络信息整合和使用的能力；看待问题要综合多方面的信息，不能偏听偏信、人云亦云；面对网络中纷繁复杂的信息时，要利用自己的知识储备判断和辨别信息价值，不断提升自身对信息的识别与选择能力；在网络空间中有选择性地获取和发布理性、客观的信息，积极传播健康的网络信息，避免卷入网络暴力而受到不良行为的伤害。

未成年人应提高自身权利意识和法律意识，重视在互联网行为中权利和义务相统一。网民在行使网络言论自由和权利时，必须遵守相关法律及有关规定，遵守网络行为准则、遵循诚信原则、发表意见和观点时要做到文明用语。网民如果在网络虚拟空间中过度行使权利甚至超出了法律界限，就会对他人权利造成损害，破坏网络生态环境，同时不利于自身网络素养的提升。

未成年人在发表网络言论时，要注意遵守文明用语和网络规范，要意识到网络暴力是一种侵权违法行为，而不是可以不用负法律责任的行为。同时在互联网社交行为中，当自己受到侵权伤害时应该及时保留证据，运用法律手段合理合法地维护自身正当权益。在遭遇网络暴力时，未成年人要拒绝沉默，受害者及旁观者的沉默一方面不利于学校和家长了解网络暴力发生的情况以及对未成年人造成的伤害，另一方面会使施暴者更加肆无忌惮地欺凌他人。未成年人面对网络暴力行为时需要勇敢地说出来，主动寻求外界的帮助和法律的保护。

网络暴力发展到一定阶段会对受害者的现实生活产生影响，其中很重要的原因就是受害者的联系方式、家庭住址、学习或工作单位等私密的个人信息被披露，除了"人肉搜索"这一因素之外，很多受害者平时使用互联网时没有注意防范网络风险，对个人信息没有实施完善的保护措施。微博、微信等都已成为未成年人展示自我、分享生活、与人交往的社交平台，有部分学生在平台上发布信息的时候没有对自身的隐私进行"脱敏处理"，甚至很多时候在发布信息的时候会带上地点定位，这就导致学校、家庭住址等隐私泄露，还有部分未成年人甚至随意透露自己的证件号码，因此未成年人在使用互联网时应该提高自身网络风险防范意识，加强个人网络信息的保密措施，注意维护自身的个人信息安全，具体应该注意以下几点：

首先，未成年人要增强自我保护意识。未成年人在网络平台发声之前，要理性思考所发表的言论是否可能触及法律或对他人有伤害，在关注社会热点事件时不要随意加入网络骂战，要对自身真实敏感信息进行"脱敏处理"，避免将真实姓名、家庭住址、学校名称、电话号码甚至身份证号码等身份识别信息暴露于网络公共社交平台，或者泄露给陌生人，要慎重通过社交网络上的好友申请，避免随意与过度自我呈现。

其次，未成年人在网络空间中要妥善处理自己的个人信息。未成年人要保管好网络平台的个人账号和密码，不要使用生日、电话号码、学号等容易被破解的信息作为关键账号的密码，注意提升账号密码的安全度，在公共场所使用网络平台时，不轻易点击不明网络链接，在使用完毕后要采取安全退出的方式。如果账号被盗要在第一时间联系客服找回账号，并及时发布账号被盗信息，避免亲朋好友上当受骗。

最后，未成年人要提高辨别网络暴力事件的能力，面对网络暴力事件要勇于发声。未成年人如果认为网民的行为违反了社交网站的规定、侵犯到了自己的权利，应当及时利用举报渠道向社交平台求助，及时将涉及网络暴力的相关信息妥善保存，避免关键证据被施暴者在事后删除。未成年人群体既要充分享受互联网所带来的便利之处，同时也要有意识地进行自我保护，既要尽量避免使自己成为网络暴力的对象，也要树立自律和守法意识，用理性和法律思维指导上网行为，不主动参与网络暴力，在旁观网络暴力时及时举报，遏制网络暴力事件的不良影响。

小　结

近年来，伤害未成年人的案件频发，家庭暴力、校园暴力、性侵害、网络暴力等都是未成年人受到的主要侵害类型。

首先要注重家庭教育，良好的家庭氛围可以为未成年人的健康成长构建起一道防护网，家庭是人生的第一驿站，也是未成年人的港湾。

其次，学校应为未成年人构筑第二道防护网。学校不仅仅是未成年人学习知识的场所，更是他们学会生活、学会做人的重要场所。未成年人可以在学校里树立正确的价值观、人生观，学校也应为他们创造一个安全、舒适的教育环境。

最后，社会环境对未成年人的生理和心理发展也有很强的影响。社会应该为他们创造一个干净、优质、积极、健康的成长环境。保护未成年人远离犯罪侵害，需要所有人的共同参与。

图书在版编目(CIP)数据

未成年人保护与预防未成年人犯罪法治教育手册 / 刘晓倩主编. -- 北京：中国法制出版社，2024.7
ISBN 978-7-5216-4497-5

Ⅰ.①未… Ⅱ.①刘… Ⅲ.①未成年人保护法—中国—手册②未成年人保护法—预防犯罪—中国—手册 Ⅳ.①D922.7-62

中国国家版本馆CIP数据核字（2024）第088161号

策划／责任编辑：吕静云　　　　　　　　　　封面设计：杨泽江

未成年人保护与预防未成年人犯罪法治教育手册
WEICHENGNIANREN BAOHU YU YUFANG WEICHENGNIANREN FANZUI FAZHI JIAOYU SHOUCE

主编／刘晓倩
经销／新华书店
印刷／三河市紫恒印装有限公司
开本／880毫米×1230毫米　32开　　　印张／8　字数／158千
版次／2024年7月第1版　　　　　　　　2024年7月第1次印刷

中国法制出版社出版
书号 ISBN 978-7-5216-4497-5　　　　　　　　　　定价：42.50元

北京市西城区西便门西里甲16号西便门办公区
邮政编码：100053　　　　　　　　　　传真：010-63141600
网址：http://www.zgfzs.com　　　　　　编辑部电话：010-63141802
市场营销部电话：010-63141612　　　　印务部电话：010-63141606
（如有印装质量问题，请与本社印务部联系。）